商用车碳中和技术路线图1.0

中国汽车工程学会 ◎ 著

TECHNOLOGY ROADMAP
CARBON NEUTRALITY OF
COMMERCIAL VEHICLES 1.0

本书的主要内容分为六部分：第一部分介绍了研究的边界及基础；第二部分从政策环境、技术渗透率、碳排放现状三方面分析了商用车产业绿色低碳发展现状；第三部分从政策法规、场景适用性、技术成熟度、能源供给潜力、技术经济性、环境减排效益六个维度对各技术路线的发展潜力进行系统对比分析，并对商用车技术渗透率及碳排放量进行了预测；第四部分提出了面向2060年的关键时间节点的发展目标与路径；第五部分制订了商用车总体碳中和技术路线图，提炼了关键零部件发展路线及车用能源供给路线；第六部分结合商用车碳中和发展目标，围绕政策支持、技术创新、基础设施建设方面提出了战略支撑及保障措施。本书提出了关键技术路线的基本判断，明确了商用车碳中和技术发展路线，总结了实现碳中和发展的战略支撑与保障措施，制订了具有科学性、前瞻性、引领性的碳中和技术路线图。

本书对商用车整车及零部件企业、基础设施及能源相关企业、行业研究机构、高校及政府相关部门具有一定的参考价值和借鉴意义。

图书在版编目（CIP）数据

商用车碳中和技术路线图1.0 / 中国汽车工程学会著. —北京：机械工业出版社，2024.3
ISBN 978-7-111-75238-7

Ⅰ.①商… Ⅱ.①中… Ⅲ.①商用车辆-节能减排-研究 Ⅳ.①U471.23

中国国家版本馆CIP数据核字（2024）第048226号

机械工业出版社（北京市百万庄大街22号　邮政编码100037）
策划编辑：母云红　　　　　责任编辑：母云红　丁　锋
责任校对：龚思文　李小宝　封面设计：张　静
责任印制：张　博
北京华联印刷有限公司印刷
2024年3月第1版第1次印刷
184mm×260mm·9.75印张·2插页·163千字
标准书号：ISBN 978-7-111-75238-7
定价：150.00元

电话服务　　　　　　　　　网络服务
客服电话：010-88361066　　机　工　官　网：www.cmpbook.com
　　　　　010-88379833　　机　工　官　博：weibo.com/cmp1952
　　　　　010-68326294　　金　书　网：www.golden-book.com
封底无防伪标均为盗版　　　机工教育服务网：www.cmpedu.com

《商用车碳中和技术路线图 1.0》
指导委员会

主　任　　李　骏　　清华大学

副主任　　吴碧磊　　一汽解放汽车有限公司
　　　　　　 汪开军　　康明斯（中国）投资有限公司
　　　　　　 Amer Ahmad Amer　　沙特阿拉伯石油公司

委　员　　李开国　　中国汽车工程研究院股份有限公司
　　　　　　 吴志新　　中国汽车技术研究中心有限公司
　　　　　　 王　玮　　东风商用车有限公司
　　　　　　 孙少军　　山东重工集团有限公司
　　　　　　 武锡斌　　北汽福田汽车股份有限公司
　　　　　　 廉玉波　　比亚迪汽车工业有限公司
　　　　　　 钟玉伟　　广西玉柴机器股份有限公司
　　　　　　 卢兵兵　　上海捷氢科技股份有限公司
　　　　　　 何墨池（Mats Harborn）　　斯堪尼亚销售（中国）有限公司

《商用车碳中和技术路线图 1.0》
专家咨询委员会

主　任　李开国　中国汽车工程研究院股份有限公司

委　员　侯福深　中国汽车工程学会
　　　　　吴志新　中国汽车技术研究中心有限公司
　　　　　刘江唯　一汽解放汽车有限公司
　　　　　任卫群　东风商用车有限公司
　　　　　徐子春　山东重工集团有限公司
　　　　　冯　静　北汽福田汽车股份有限公司
　　　　　彭　旺　比亚迪汽车工业有限公司
　　　　　林铁坚　广西玉柴机器股份有限公司
　　　　　侯中军　上海捷氢科技股份有限公司
　　　　　周齐（Joakim Diamant）　斯堪尼亚销售（中国）有限公司
　　　　　锁国涛　康明斯（中国）投资有限公司
　　　　　薛兴宇　沙特阿拉伯石油公司

FOREWORD 序

  实现碳中和已经成为全球主要国家的战略共识，我国明确表示二氧化碳排放（以下简称碳排放）力争于 2030 年前达到峰值，努力争取 2060 年前实现碳中和。当前，我国交通运输领域碳排放量占全国碳排放量的 15% 左右，汽车运行产生的碳排放量占交通运输领域碳排放量的比例约为 80%，汽车产业承担着巨大的减排压力。

  在此背景下，我国相关部委积极推进汽车产业绿色低碳可持续发展。2021 年，工业和信息化部装备工业一司委托中国汽车工程学会和中国汽车技术研究中心有限公司，联合行业共同开展了《汽车产业绿色低碳发展路线图》的研究工作，重点围绕汽车产业碳排放评估边界和方法、碳减排目标及关键里程碑、碳管理政策体系等方面开展研究。研究指出，我国商用车保有量占汽车整体保有量的 12%，但其运行阶段碳排放量占比超过汽车整体碳排放量的 55%，因此，商用车是落实汽车和交通运输碳减排目标的重要领域。

  商用车作为我国交通运输的核心装备之一，产业链长、覆盖面广、市场规模大、技术集成度高，承载着"加快建设制造强国"和"持续增进民生福祉"的重任，也为国民经济建设的高速发展提供了有力支撑。但实现碳中和，商用车产业仍面临诸多挑战。

  一是商用车减碳技术路线多元，碳中和技术路线不清晰。相对于乘用车，商用车绿色低碳化发展仍处于起步阶段，商用车行业存在纯电动、氢燃料电池、低碳零碳燃料内燃机等多种减碳技术路线。目前，纯电动、氢燃料电池等新能源技术已初步实现应用，但其市场渗透率不足 10%，且主要应用于牵引车短途运输、城建渣土运输、城市配送物流等中短途运输场景，而在运输强度高、碳排放量大的中长途运输场景暂未实现技术就绪与市场突破，短期内无法覆盖全部应用场景。另外，氢、氢氨等新兴零碳燃料内燃机尚处于样机研发与测试阶段，应用潜力和发展前景暂不清晰。各低碳零碳技术路线的发展潜力尚需科学系统地评估，其发展路径需进一步明晰。

  二是商用车应用场景复杂，需求多样。商用车实现碳中和，深化场景研究是前提，探索出满足应用场景需求的商用车碳中和技术路线是关键。受路况特征、货物种类、运输距离、法律法规、地形差异等因素影响，商用车应用场景复杂，目前企业在研究的细分场景超过 200 个。不同细分场景的运输工况及用户购车诉求存在差异，导致不同场景的减碳技术路线及其需求不同。因此，基于场景开展商用车碳中和技术路线研究是商用车碳中和相关研究的重点。

  三是商用车产业链长，协同发展难度大。商用车产业涵盖货端、车端、能源端、用户端等多个领域。商用车实现碳中和，车端需与货端、能源端、用户端在政策标准、技术、基础设施等方面实现协同发展。目前，新能源商用车技术已就绪，清洁能源供给及其基础设施布局尚无法完全满足场景需求，制约了新能源商用车的应用场景拓展。行业亟须成立商用车碳中和相关平台，联合相关部委、研究机构、整车及零部件企业、能源企业等各方力量，凝聚战略发展共识，引导技术协同创新，加强政策标准协同，共同推进商用车碳中和目标实现。

2022年5月，中国汽车工程学会联合商用车整车及零部件企业、能源企业、研究机构、行业组织等成立商用车碳中和协同创新平台（以下简称平台），旨在搭建贯通商用车产业链上下游及相关行业、政产学研协同的国际交流合作平台，凝聚发展共识，明晰发展路线，并促进一致行动，开展商用车低碳零碳技术协同创新，推动建立加速实现商用车碳中和且有利于产业健康发展的政策标准体系和发展环境，加快促进零碳技术商业化推广应用，引领商用车产业加速迈向碳中和，支撑国民经济与社会绿色低碳可持续发展。

为加快推进商用车产业绿色低碳可持续发展，在汽车产业绿色低碳发展路线图研究成果的基础上，平台于2022年8月启动了商用车碳中和技术路线图1.0的研究。研究工作前后历时近一年半，行业300多位资深专家共同参与，经过反复研讨和修改完善，最终形成了《商用车碳中和技术路线图1.0》（以下简称路线图1.0）。

路线图1.0研究具备以下亮点及创新点。

一是首次提出行业形成共识的26个商用车应用场景，深入开展场景特点及需求研究，为路线图1.0奠定研究基础。

二是按照"PST3E"技术路线评估框架，首次在行业内提出"多要素融合分级决策"评估模型，为路线图1.0研究提供科学的方法依据。

三是首次系统评估14条技术路线在26个场景的发展潜力及竞争力，组织了超过40场不同范围的专题研讨，形成了科学可行、符合行业共识的商用车碳中和技术路线。

四是明确了商用车碳中和关键技术路线里程碑目标、保障措施及需求。

路线图1.0的研究成果凝聚了广大专家的智慧和共识，对汽车产业相关部委、商用车整车及零部件企业、能源企业、研究机构和其他相关企业具有较高参考价值和借鉴意义，希望能为我国商用车产业绿色低碳、高质量发展做出贡献。

在此，对所有参与路线图1.0研究及编制工作的专家、学者等表示衷心的感谢！

李骏

清华大学教授
中国汽车工程学会名誉理事长
中国工程院院士
2024年2月

PREFACE 前言

商用车碳中和技术路线图 1.0（以下简称路线图 1.0），作为商用车碳中和协同创新平台（以下简称平台）的重点研究课题，以 2060 年实现碳中和为目标引领，通过系统梳理商用车产业绿色低碳发展现状，按照"PST3E"技术路线评估框架，采用"多要素融合分级决策"评估模型，基于 26 个场景综合评估了 14 条技术路线在关键时间节点的发展潜力和市场竞争力，制订了商用车碳中和技术路线图，提出了路线图落地实施的战略支撑与保障措施建议。

路线图 1.0 研究由中国汽车工程学会牵头，按照"1+6"课题研究架构，组建了 1 个总报告组及 6 个子课题研究工作组。各工作组牵头单位如下：商用车碳中和技术总体路线图研究由中国汽车工程学会牵头，面向碳中和的柴油、天然气内燃机及传统混合动力技术路线评估由广西玉柴机器股份有限公司牵头，面向碳中和的零碳甲醇、零碳二甲醚和生物柴油内燃机技术路线评估由北汽福田汽车股份有限公司牵头，面向碳中和的氨、氢内燃机技术路线评估由一汽解放汽车有限公司牵头，面向碳中和的商用车电动化技术路线评估（含插电式混合动力、增程式混合动力、纯电动）由比亚迪汽车工业有限公司牵头，面向碳中和的商用车燃料电池技术路线评估由山东重工集团有限公司牵头，商用车整车"双碳"技术路线评估由东风商用车有限公司牵头。7 个研究工作组广泛凝聚行业研究力量，共计 73 家代表性单位的 300 多位专家共同参与了路线图研究，经过充分研讨及广泛意见征集，最终形成了符合行业共识的路线图 1.0。

路线图 1.0 的研究成果可以为我国商用车产业的相关企业及科研机构开展技术创新与战略规划提供重要参考和方向指引，也可以为相关政府部门确定科技支持重点领域和创新项目提供评价依据和有效借鉴。平台将根据产业环境变化与新技术应用情况，适时开展商用车碳中和技术路线图的修订与更新工作，以保障其科学性、时效性和引领性。

在此，对参与路线图 1.0 研究及编制工作的全体专家付出的努力和贡献表示衷心感谢，也诚挚感谢能源基金会对路线图 1.0 研究工作的大力支持。

目录 CONTENTS

序
前言

第一部分 导言

一、概要 ... 002
二、研究边界说明 ... 003
（一）车型研究范围 ... 003
（二）技术路线研究范围 ... 003
（三）碳排放研究边界 ... 004

三、场景划分架构 ... 004
（一）场景划分的必要性 ... 004
（二）场景划分标准 ... 006
（三）场景需求定义 ... 008

四、术语名词说明 ... 008

第二部分 产业绿色低碳发展现状

一、国内外政策环境 ... 012
（一）世界各国能源战略规划 ... 012
（二）世界各国汽车减碳措施 ... 012
（三）我国能源战略规划 ... 014
（四）我国商用车减碳措施 ... 015

二、商用车技术渗透率现状 ... 018
（一）世界各国商用车技术路线发展现状 ... 018
（二）我国商用车市场发展现状 ... 018
（三）我国商用车技术路线发展现状 ... 019

三、我国商用车碳排放现状 ... 020

第三部分 碳中和技术路径可行性评估

一、评估框架及方法介绍 ... 024
（一）技术路径竞争力评估方法 ... 024
（二）技术渗透率预测方法 ... 025
（三）碳排放测算方法 ... 028

二、政策法规（P）评估 ...029
（一）评估思路 ...029
（二）政策法规环境分析 ...029

三、场景适用性（S）评估 ...031
（一）评估思路 ...031
（二）场景适用性分析 ...033

四、技术成熟度（T）评估 ...037
（一）评估思路 ...037
（二）技术就绪时间 ...038
（三）技术发展趋势 ...040

五、能源供给潜力（E）评估 ...042
（一）评估思路 ...042
（二）柴油供给潜力评估 ...043
（三）天然气供给潜力评估 ...044
（四）电力供给潜力评估 ...045
（五）氢能供给潜力评估 ...046
（六）氨供给潜力评估 ...048
（七）甲醇供给潜力评估 ...048
（八）生物质柴油、二甲醚供给潜力评估 ...049
（九）能源供给潜力综合判断 ...049

六、技术经济性（E）评估 ...051
（一）评估思路 ...051
（二）关键参数预测 ...052
（三）经济性结果分析 ...061

七、环境减排效益（E）评估 ...065
（一）评估思路 ...065
（二）碳排放因子预测 ...066
（三）碳排放量对比分析 ...069
（四）减碳降污协同技术分析 ...072

八、技术路线发展潜力综合评估 ...073
（一）各技术路线可行性评估 ...073
（二）各技术路线竞争力评估 ...074
（三）对关键技术路径的基本判断 ...077

九、技术渗透率及碳排放量预测	... 078
（一）技术渗透率预测	... 078
（二）碳排放预测	... 087

第四部分 面向 2060 年的愿景及发展目标

一、面向 2060 年的发展愿景	... 094
（一）社会愿景	... 094
（二）产业愿景	... 094
二、分阶段的总体目标及发展路径	... 095
（一）总体目标	... 095
（二）发展路径	... 095

第五部分 碳中和技术路线图

第六部分 战略支撑及保障措施

一、商用车碳中和支持政策及优先行动项	... 104
（一）加快健全商用车碳管理政策体系	... 104
（二）完善低碳车辆财税支持政策	... 104
（三）进一步加强新能源及零碳燃料内燃机商用车的推广及应用	... 105
二、商用车碳中和技术创新需求及优先行动项	... 105
（一）加大绿色低碳技术研发创新，合力攻关补齐产业基础短板	... 105
（二）引导创新主体加强技术研发，加强行业协同创新发展	... 109
（三）建立健全商用车碳中和技术创新能力体系	... 109
三、清洁能源基础设施需求及优先行动项	... 110

附录

| 附录 A 细分场景特点及需求 | ... 116 |
| 附录 B 主要参与单位及专家 | ... 136 |

第一部分 导言

商用车碳中和技术路线图 1.0

一、概要

商用车碳中和技术路线图 1.0（以下简称路线图 1.0）的研究框架共分为六部分。第一部分介绍了研究的边界及基础；第二部分从政策环境、技术渗透率、碳排放三方面分析了商用车产业绿色低碳发展现状；第三部分从政策法规、场景适用性、技术成熟度、能源供给潜力、技术经济性、环境减排效益六个维度对各技术路线的发展潜力进行系统对比分析，并对商用车技术渗透率及碳排放量进行了预测；第四部分提出了面向 2060 年的关键时间节点的发展目标与路径；第五部分制订了商用车总体碳中和技术路线图，提炼了关键零部件发展路线及车用能源供给路线；第六部分结合商用车碳中和发展目标，围绕政策支持、技术创新、基础设施建设方面提出了战略支撑及保障措施。

路线图 1.0 提出了关键技术路径的基本判断。传统能源内燃机仍将是商用车近中期的重要技术路线，热效率提升与混合动力技术应用是其主要技术发展方向；零碳燃料内燃机具备零碳排放、购置成本低、可靠性高等优势，不仅是商用车短中期脱碳的技术路径之一，而且将与新能源技术路线长期并存发展；纯电动是商用车实现零碳转型的主要技术路线之一，续驶里程增加、补能效率提升、使用寿命延长是其主要技术发展趋势，技术迭代升级将助力其应用场景由中短途向长途领域拓展；氢燃料电池是商用车在中长途场景实现零碳转型的重要技术路线，发展大功率、长寿命电池堆及高密度储氢系统，降低氢能产业链成本，协同发展绿氢供给网络是进一步提升其应用规模的关键途径。

路线图 1.0 明确了商用车碳中和技术发展路径。从碳排放角度，商用车运行阶段碳排放量于 2025 年前实现达峰，至 2060 年，仅在部分偏远地区与特定工况的专用作业场景未实现运行阶段 100% 零碳化，碳排放量较峰值下降 95% 以上。从碳中和技术路线角度，2030 年前，商用车以传统能源内燃机节能低碳发展为主，新能源汽车（New Energy Vehicle，NEV）逐步渗透；2030 年后，新能源商用车将快速发展，最终形成以新能源商用车为主，零碳燃料内燃机富能区域发展，传统燃料内燃机少量存在的发展格局。从能源供给角度,绿电、绿氢等零碳能源将逐步主导能源供给,充换电网络、加氢站逐步成为主要能源供给设施,其他零碳燃料加注站在富能区域集中发展。

路线图 1.0 总结了实现碳中和发展的战略支撑与保障措施。结合商用车碳中和发展目标,围绕政策支持、技术创新、基础设施建设方面提出了战略支撑及保障措施。在政策支持方面,提出加强纯电动商用车推广扶持政策、扩大氢燃料电池汽车示范应用场景、开展零碳内燃机示范应用工程等优先行动项;在技术创新方面,提出内燃机低碳创新发展、动力蓄电池技术迭代升级、燃料电池核心技术攻关等优先行动项;在基础设施建设方面,提出智慧充换电网络建设、绿氢供应网络建设、氨氢融合发展等优先行动项。

本研究以面向 2060 年实现碳中和为目标引领,对商用车各技术路线的发展潜力和市场竞争力进行了全面、系统的评估,提出了关键时间节点的发展目标及路线,制订了具有科学性、前瞻性、引领性的碳中和技术路线图,对汽车产业监管部门、商用车整车及零部件企业、能源公司、研究机构和相关企业等具有一定的参考价值和借鉴意义。

二、研究边界说明

(一)车型研究范围

包含所有货车与大中型客车。商用车车型划分标准参考 GA 802—2019《道路交通管理 机动车类型》,货车依据车辆设计总质量(Gross Vehicle Weight,GVW)分为重型货车(GVW ≥ 12t)、中型货车(4.5t ≤ GVW < 12t)、轻微型货车(GVW < 4.5t);客车包含载客人数 9 人以上的大中型客车。

(二)技术路线研究范围

覆盖 14 条技术路线。综合考虑技术路线发展现状及潜力,路线图将柴油内燃机、天然气内燃机、甲醇内燃机、二甲醚内燃机、生物柴油内燃机、柴氨内燃机、氢氨内燃机、氢内燃机、传统混合动力汽车(Hybrid Electric Vehicle,HEV)、插

电式混合动力汽车（Plug in Hybrid Electric Vehicle，PHEV）、增程式混合动力汽车（Range Extend Electric Vehicle，REEV）、充电式、换电式、氢燃料电池14条技术路线纳入研究范围，如图1-1所示。

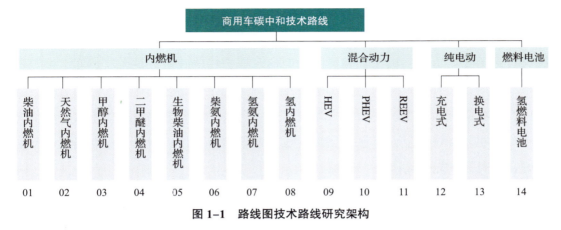

图1-1 路线图技术路线研究架构

注：1. 传统混合动力汽车（HEV）——包含P0/P1/P2/eCVT/串联式混合动力技术，其中CVT是指无级变速器。
2. 插电式混合动力汽车（PHEV）——本研究将插电式混合动力汽车的纯电续驶里程界定为50km。

（三）碳排放研究边界

商用车各技术路线碳排放量以运行阶段的直接碳排放量为测算口径，且根据商用车碳排放量制定关键时间节点的碳减排目标。其中，在碳减排效益评估部分，为更加客观地对比分析商用车各技术路线的减碳潜力，以燃料周期碳排放量为测算口径，碳排放测算包括上游阶段（制、储、运、加）及下游使用阶段的碳排放量。

三、场景划分架构

（一）场景划分的必要性

商用车车型多样、场景复杂。经调研，目前国内具有代表性的商用车整车企业在研究的细分场景超200个，其中，与商用车碳中和强相关的场景超60个，见表1-1，

表 1-1 商用车碳中和相关细分场景

车型	重型货车				中型货车			轻微型货车			大中型客车		
功能	牵引	载货	自卸	专用	载货	自卸	专用	载货	自卸	专用	城市	城间	校车
细分场景数量	15	10	8	3大类	7类	3	4大类	3	2	1大类	5	4	1
细分场景	长途快递、长途运输、中短途绿通、煤炭运输、日用散杂运、砂石料运输等	长途绿通、城建渣土运输(标载、复合、重载)、基础原材料运输、冷链运输、长途快运、港外干线冷链集运、集装箱运输、区域散冷链运输、港口散内运输等	城建渣土运输、矿用(复合、矿用)、自卸、中型工程	危险化学品运输、冷链运输、混凝土搅拌运输、环卫、重车起重运输等	快递快运、冷链运、日用百货运输、家电运配、家具搬家、散配、绿通、搬家	中型工程运输、建渣土运输、建筑类、混凝土搅拌运输类等	环卫作业类、起重运输类、输举升类、危险化学品、城运输类、混凝类等	多用途(皮卡)、重载升货、轻载货	农村多功能、市政工程	环卫多类为主	城市公交、城际公交、乡村公交、园区公交	旅游团体客运、通勤班车、班车客运、定制客运、接驳公交	校车

注：绿通指农产品运输"绿色通道"。

重型货车包含的细分场景最多，超过 35 个。造成商用车细分场景复杂的原因除了车辆运输载重、运输距离（简称运距）等工况因素外，法规治理、地形差异也进一步增加了场景的复杂度。如城建渣土运输场景根据各地执法情况，存在标载、复合、重载等细分场景；长途运输场景按照地形差异，存在山地、平原、高原等细分场景。另外，不同场景客户购车的关注点不同，如长途运输场景的客户更加关注续驶能力、可靠性及燃油经济性；环卫作业场景的客户更加关注可靠性，对成本的敏感度相对较低。

（二）场景划分标准

场景分类按照车型级别、功能用途、细分场景三级标准进行划分。 车型级别划分按照产品规格分为重型货车、中型货车、轻微型货车与大中型客车，同一车型级别的产品总质量、尺寸等外形规格参数存在相似性；按照功能用途分为牵引车、载货车、自卸车、专用车及客车，相同功能用途的产品功能结构及用途特征存在相似性；在功能用途基础上按照用户特征及车辆运输货物、运距、载重、行驶道路等工况特征进一步细分，形成细分场景，相同细分场景的产品配置参数存在相似性。另外，本次研究不考虑因超载等不合规现象衍生出的场景，如重载公路运输等。

按照场景三级分类标准，将商用车细分为 26 个典型场景。 根据我国商用车上险数据统计，26 个典型场景在 2016—2022 年中的累计销量占商用车整体市场销量的比例约 96%，基本覆盖主流商用车市场。如图 1-2 所示，重型货车分 13 个典型场景，包括长途牵引运输（日均运距 1000km 以上）、中途牵引运输（500~1000km）、短途牵引运输（500km 以内）、中途载货运输（500~1000km）、短途载货运输（500km 以内）、城建渣土运输、公路运输、专用运输类场景（清运、混凝土运输、危险化学品运输）、专用作业类场景（起重运输、清洗、清扫）；中型货车分城际物流、工程自卸、清运类及清洗类 4 个典型场景；轻微型货车分城市物流、微型货运、工程自卸、清障类及高空作业 5 个典型场景；大中型客车分城市公交、旅游团体客运、定制客运、校车 4 个典型场景。

图 1-2　商用车场景架构

（三）场景需求定义

不同场景的特点及需求侧重点不同。商用车场景需求受政策法规、用户、工况、货物等多维度影响。按照定性定量相结合的原则，从工况、货物及用户等方面对场景进行定性描述（详见附录 A）。不同细分场景的用户对产品的需求存在较大差异，如重型长途牵引运输场景的日均运距在 1000km 以上，以点对点的固定运输线路为主，货物价值高，客户要求车辆能耗低、可靠性高、运输时效高、运营成本低、续驶里程长、补能时间短的技术路线更加适用此场景；又如微型货运场景，其日均运距在 150km 以内，运输线路不固定，以城市道路、乡村土路等综合路况为主，主要运输日用消费品、五金杂货等，客户价格敏感度高，车辆综合成本低、续驶里程达到 200km 的技术路线适用此场景。

四、术语名词说明

（1）商用车碳中和

2060 年，商用车运行阶段的直接碳排放量为近零状态，在基础设施建设相对滞后的偏远地区与部分特定工况的专用车作业场景，未实现车辆运行阶段的 100% 零碳化，需要通过合成燃料等方式，实现全生命周期的碳中和。

（2）碳排放

碳排放指二氧化碳排放。

（3）新能源商用车

新能源商用车包含纯电动商用车（Battery Electric Vehicle，BEV）、插电式混合动力商用车（PHEV）、增程式混合动力商用车（REEV）、氢燃料电池商用车（Fuel Cell Electric Vehicle，FCEV）。

（4）整车"双碳"技术

指降低阻力（降低风阻、降低滚动阻力、降低附件功耗等）、传动系统优化、轻量化、智能网联等技术。

（5）绿电

通过太阳能、风力、生物质能、地热等可再生能源转化而成的电能，生产电力的过程中，二氧化碳排放量为零或趋近于零。

（6）绿氢

通过绿电进行电解水制取的氢气。

（7）绿醇

通过绿电电解水制取的氢气和空气中捕集的二氧化碳合成生产的甲醇。

（8）绿氨

通过绿电电解水制取的氢气与空气中捕集的氮气合成生产的氨。

（9）DPCO

柴油动力平价拥有总成本（Diesel-powered Parity Cost of Ownership），指在各场景，与柴油商用车的成本回收期一致的前提下，各技术路线商用车的车辆拥有总成本。

（10）TCO

车辆拥有总成本（Total Cost of Ownership）。所有技术路线统一按 5 年测算。

商用车碳中和技术路线图 1.0

第二部分 产业绿色低碳发展现状

一、国内外政策环境

（一）世界各国能源战略规划

能源绿色低碳转型成为全球发展共识。自《巴黎协定》签订以来，碳中和已经成为全球主要国家的战略共识，截至 2022 年 7 月，已有 136 个国家提出碳中和或净零排放远景目标。欧盟、英国、美国、日本等主要经济体结合自身经济发展、技术储备、产业特点、资源禀赋等因素积极部署并推进碳中和战略。能源的绿色低碳转型是实现碳中和目标的关键，**在能源供给方面**，全球各主要经济体均采取多元化发展策略，在加强煤炭、天然气等化石能源利用效率的同时，提升太阳能、风能、氢能、生物质能等可再生能源供给占比。**在能源储存方面**，不断加大对电池技术、氢能源储存技术等储能技术的创新，以解决可再生能源领域的间歇性和不稳定性问题。**在用能终端方面**，通过节能技术提升柴油、天然气等化石能源利用效率的同时，积极推进动力蓄电池、氢燃料电池、生物燃料等零碳技术路线的发展。总体来说，实现能源供给侧可再生能源化和用能终端零碳化是能源发展策略中的重点路径。

（二）世界各国汽车减碳措施

发展低碳、零碳汽车是交通领域碳减排关键途径。交通领域碳排放约占全球碳排放总量的四分之一，是第二大碳排放源，而以汽车为主的道路交通碳排放占交通领域碳排放的 75%，承担着巨大的减碳压力，大力发展低碳、零碳汽车成为各国降低碳排放的重要路径之一。如表 2-1 所列，欧、美、日、韩等国家或地区将交通碳减排纳入气候、能源等相关战略与计划的核心部分，在交通运输领域明确规划预期目标，比如，欧盟 Fit for 55 一揽子减排计划提出，乘用车和轻型货车的碳排放量在 2030 年较 2021 年将分别下降 55% 和 50%，汽车制造商必须在 2035 年之前实现零碳排放。另外，在低碳汽车推广措施方面，一方面，通过规定传统燃油汽车禁售时间、给予购买新能源汽车财政补贴支持、开放新能源汽车更多路权、加大基础设施建设等措施，引导新能源汽车行业快速发展；另一方面，通过加严汽车排放法规、实施积分制度等措施，倒逼行业自律性发展，加速推动新能源汽车规模化应用（表2-2）。

表 2-1 欧美日韩交通运输领域发展目标

组织/国家	发布时间	规划文件	交通运输领域规划内容
欧盟	2021年7月	Fit for 55	计划到2030年，乘用车和轻型货车的排放量较2021年将分别下降55%和50%，到2035年，汽车碳排放量较2021年下降100%，仅销售零排放汽车；在主要高速公路上每60km设置充电站，每150km设置加氢站，目标到2030年将有350万个新充电站，到2050年将有1630万个新充电站
美国	2021年1月	3550目标	投资2万亿美元用于国内基础设施、清洁能源等领域的建设，包括在交通领域要大力发展新能源汽车产业、推进城市零碳交通、"第二次铁路革命"等计划的实施
日本	2021年10月	第六次《能源基本计划》	于2050年全面使用零碳排放车辆。通过积极部署充电、加氢基础设施，强化清洁氢/氨、动力蓄电池等相关技术与产业发展，并结合数字技术，推动实现高效运输模式
韩国	2021年2月	第四期新能源汽车发展规划	到2025年和2030年分别普及283万辆和785万辆新能源汽车，实现到2030年汽车碳减排24%的目标，2025年前新建50万座充电设施和超高速充电桩，在全国各地新建450座加氢站

表 2-2 欧美日韩推广低碳汽车措施

组织/国家	措施分类	具体内容	推广车型
欧盟	加严碳排放法规	对新车实施更严格的测试标准，汽车企业只能通过生产新能源汽车或低油耗汽车来满足新标准	纯电动汽车、插电式混合动力汽车、生物质燃料汽车、氢燃料电池电动汽车等
	实施超级积分制度	为鼓励生产零排放和低排放汽车（ZLEV），欧盟发布了"超级积分"制度，从而鼓励汽车企业生产低排放汽车	
	制定禁止销售燃油汽车的目标	明确市区运输或作业车辆的禁止燃油汽车时间。如，挪威2025年、瑞典2030年、英国2035年、法国2040年等	
	财政补贴	补贴范围包括新能源汽车购买优惠、旧车置换、充电桩建设等，但补贴力度整体呈下降趋势	

（续）

组织/国家	措施分类	具体内容	推广车型
欧盟	税收优惠	如，德国电动汽车免征10年机动车税，增值税由19%下调至16%；法国电动汽车和插电式混合动力汽车可享受50%税收折扣；挪威新能源汽车购置税和增值税全免等	纯电动汽车、插电式混合动力汽车、生物质燃料汽车、氢燃料电池电动汽车等
	路权优先	开放新能源汽车更多路权，如只有新能源汽车可进市区、停车费减免或优惠等	
美国	税收抵免	新能源汽车的消费税抵免、汽车企业设备更新或改造相关税收减免等	纯电动汽车、插电式混合动力汽车、氢燃料电池电动汽车等
	积分制度	零排放车辆（ZEV）法案，根据车型制定积分系数，建立积分交易机制并制订惩罚措施，且逐年提升零排放车辆年销量目标	
日本	财政补贴	将新能源汽车的补贴延长至2023年年底，加大对购买纯电动汽车、插电式混合动力汽车、氢燃料电池电动汽车的补贴力度；同时在充电桩购置补贴的基础上，增加对充电基础设施安装成本的补贴	纯电动汽车、插电式混合动力汽车、氢燃料电池电动汽车、混合动力汽车
	税收优惠	符合节能环保要求的汽车均可享受不同程度的汽车税、微型车税、重量税减免措施	
韩国	财政补贴	新能源汽车补贴政策由过去更重视性能和续驶里程，改为更注重维护、安全性和充电基础设施等	

（三）我国能源战略规划

构建可再生能源供给体系是我国能源战略的重点方向。我国政府于2020年12月，相继发布《新时代的中国能源发展》白皮书及《关于完善能源绿色低碳转型体制机制和政策措施的意见》《关于促进新时代新能源高质量发展的实施方案》《"十四五"可再生能源发展规划》《氢能产业发展中长期规划（2021—2035年）》等意见、战略规划及实施方案。**从战略导向层面**，强调在能源发展中要确立生态优先、绿色发展的导向，因地制宜推动太阳能、风能、生物质能等各类可再生能源发展，在保障能源安全稳定供应的基础上有序开展新能源代替传统化石能源；**从发展路线层面**，可再生清洁能源发电是我国未来发展的重点领域和主要布局点，风力发电和光伏发电已经成为我国清洁能源产业发展的重要战略方向，通过风力发电、太阳能发电装机容量的大规模提升，构建以可再生能源发电为主体的绿色脱碳电网。另外，**在能源体系建设方面**，将氢能定位为国家未来能源体系的重要组成部分，又将其作为用能终端实现绿色低碳转型的重要载体，到 2035 年，构建涵盖交通、储能、工业等领域的多元氢能应用生态。**整体来看**，我国一方面通过加快推进煤炭清洁减量应用、石油稳健发展、天然气加快发展以及新能源加速发展等途径，推动化石能源消费达峰；另一方面通过强化可再生能源高效开发利用，促进终端用能电气化，加快构建以可再生能源为主体的新型电力供给体系，推动对化石能源的加速替代。

（四）我国商用车减碳措施

在内燃机商用车碳减排方面，通过第四阶段重型商用车燃料消耗限值标准修订，加速推动商用车减碳进程。2022 年 6 月 17 日，工业和信息化部组织全国汽车标准化技术委员会就总质量 3.5t 以上的商用车开展了《重型商用车辆燃料消耗量限值》强制性国家标准的修订，制定了第四阶段重型商用车辆燃料消耗量限值，提出第四阶段限值需要较第三阶段限值加严 15% 左右，基本可以实现 2025 年我国商用车油耗达到国际领先水平的目标。在此背景下，内燃机商用车将以提升动力系统热效率、发展混合动力技术为重心，大幅提升内燃机节能率；以降风阻、减滚阻、优化传动系统、轻量化等技术为支撑，提升整车节能技术水平；同时，以低碳、零碳燃料技术为创新，进一步挖掘内燃机商用车的脱碳潜力。

在新能源商用车政策规划方面，通过全面部署，加快交通运输领域绿色低碳转型。交通运输是推动"双碳"目标实现的重要领域，中共中央、国务院开展一系列工作部署（表 2-3），加快推进绿色低碳交通运输体系建设，优化交通运输结构，推广节能低碳型交通工具，积极引导低碳运输。**在产业规划方面**，国务院办公厅于 2020 年 10 月发布《新能源汽车产业发展规划（2021—2035 年）》，通过产业顶层规划，推动新能源汽车产业高质量发展；**在氢燃料电池汽车发展方面**，通过示范应用支持政策，推进氢燃料电池汽车产业链关键核心技术产业化攻关，加速氢燃料电池汽车实现商业化应用；**在汽车电动化发展方面**，通过推进公共领域用车全面电动化，提升公交、环卫、城市物流等领域的商用车新能源化占比；**在财税政策支持方面**，通过延续和优化新能源汽车购置税减免政策，降低新能源商用车购买成本，提升其市场竞争力；**在基础设施建设方面**，通过加强充电站基础设施建设、鼓励新能源汽车开展换电模式应用等，为新能源商用车销量增长提供有力支撑。

表 2-3　国家对新能源汽车发展的支持政策（部分）

政策文件名称	发布时间	主要内容
新能源汽车产业发展规划（2021—2035 年）	2020 年 10 月	到 2025 年，新能源汽车新车销售量达到汽车新车销售总量的 20% 左右，到 2035 年，纯电动汽车成为新销售车辆的主流，公共领域用车全面电动化，氢燃料电池汽车实现商业化应用，有效促进节能减排水平和社会运行效率的提升
关于开展氢燃料电池汽车示范应用的通知	2020 年 9 月	对燃料电池汽车的购置补贴政策，调整为燃料电池汽车示范应用支持政策，对符合条件的城市群开展燃料电池汽车关键核心技术产业化攻关和示范应用给予奖励
关于组织开展公共领域车辆全面电动化先行区试点工作的通知	2023 年 1 月	至 2025 年，试点领域新增及更新车辆中新能源汽车占比显著提高，其中城市公交、出租、环卫、邮政快递、城市物流配送领域力争达到 80%
关于延续和优化新能源汽车车辆购置税减免政策的公告	2023 年 6 月	对购置日期在 2024 年 1 月 1 日—2025 年 12 月 31 日期间的新能源汽车免征车辆购置税；对购置日期在 2026 年 1 月 1 日—2027 年 12 月 31 日期间的新能源汽车减半征收车辆购置税
关于进一步构建高质量充电基础设施体系的指导意见	2023 年 6 月	到 2030 年，基本建成覆盖广泛、规模适度、结构合理、功能完善的高质量充电基础设施体系，有力支撑新能源汽车产业发展
关于促进汽车消费的若干措施	2023 年 7 月	持续推动换电基础设施相关标准制定，加快换电模式推广应用，鼓励有条件的城市和高速公路等交通干线加快推进换电站建设

在新能源商用车终端推广方面，各地方政府多措并举，加大运营示范与市场化推广应用。各地方政府为响应国家"双碳"目标与新能源汽车产业发展规划，相继

发布关于推进新能源汽车产业发展的行动方案（表2-4）。其中，在新能源商用车市场推广方面，整体以"市场主导，政府引导"的原则，地方政府一方面以市政工程类项目开展先试先行，建立新能源商用车运营标杆示范项目；另一方面通过加大基础设施建设、扩展新能源车辆路权优势等保障措施，以及对重污染行业的企业进行环保评级激励与约束手段，加快推动新能源商用车市场化发展。

表2-4 我国各地方关于新能源商用车推广方案的主要措施（部分）

城市	新能源商用车推广方案主要措施
河北 唐山	**标杆示范**：以重型货车为主要领域，加快推动港口、钢厂、矿山等场景示范应用 **配套设施支持**：结合车辆实际推广运营需求，在规划用地、电力扩容、设施建设等方面给予政策支持，筹建电池资产管理公司 **开放路权**：对新能源换电重型货车提供绿色通行便利支持，优先办理通行证 **环保评级约束**：对申请环保绩效A、B级的钢铁、焦化等行业，全面提高新能源商用车占比 **金融支持**：鼓励金融机构创新金融产品和保险品种，完善金融服务体系
浙江 杭州	**标杆示范**：明确规划城市建成区的环卫、渣土、混凝土等市政工程车辆以及城市物流配送车辆清洁化占比 **配套设施支持**：加快机动车充电设施建设，到2023年年底，力争新建机动车公用充电桩3000个以上
河南 郑州	**标杆示范**：政府建设工程项目招投标文件中应明确优先使用新能源渣土车 **配套设施支持**：规划充换电站项目选址，并落实充换电等配套设施补贴政策 **开放路权和增时作业**：除公安机关交通管理部门规定的早晚高峰期时间外，其他时间均可运营，且不受本市大气污染管控的限制 **购车及运营补贴**：购置及运营新能源渣土车，由相关部门制订减排奖励办法并实施奖励
湖南 长沙	**标杆示范**：政府投资项目（含园区投资项目）示范带头使用纯电动智慧渣土车 **配套设施支持**：全面落实相关税收减免、电价优惠、电力增容、土地使用等支持政策，完善长沙市充电基础设施配套支持政策
四川 成都	**标杆示范**：环卫车、城市物流配送车原则上全部使用纯电动汽车，政府性工程带头使用纯电动建筑垃圾和混凝土运输车 **便利通行**：新能源货车不受本市货车限行规定限制，给予新能源汽车停车费减免、专用充电车位等支持 **配套设施支持**：完善充换电基础设施服务网络，并制订充换电站建设及运营补贴政策

二、商用车技术渗透率现状

（一）世界各国商用车技术路线发展现状

世界主要经济体正加速推进商用车零碳化转型。目前，世界各国主要销售柴油、天然气等传统燃料商用车，占比超过 97%，为尽快实现交通领域碳中和目标，中国及欧、美、日、韩等世界主要经济体正在加速推广纯电动、氢燃料电池等新能源商用车。新能源商用车拥有零碳排放属性与更多路权优势，已批量应用于重型物流运输、城市公交及轻型物流配送等场景。根据国际能源署数据统计，2022 年，全球共销售新能源轻型货车 31 万辆、重型货车 6 万辆和客车 6.6 万辆，其中，中国在全球新能源商用车的生产和销售中占据主导地位，占比超过 80%。另外，多家以传统燃油技术路线为主的汽车及零部件企业开始加快布局氢、氢氨、生物柴油、E-fuel[⊖]等新型零碳燃料内燃机技术路线，如康明斯在 2022 年汉诺威车展上推出 15L 氢内燃机，我国一汽解放、玉柴等多家企业成功点火氢、氢氨等零碳燃料内燃机。多种零碳技术路线发展将加速全球物流运输行业绿色低碳转型。

（二）我国商用车市场发展现状

"十三五"期间，我国商用车市场受供给侧多项改革和需求扩张影响，新车销量规模屡创历史新高。商用车市场销量从 2016 年的 271.4 万辆增长至 2020 年的 436.4 万辆（图 2-1），年均复合增长率为 12.6%。从细分车型来看，重型货车市场受超载超限治理、老旧车辆集中淘汰以及国家基础建设投资增长拉动等因素影响，2016—2020 年期间年均复合增长率高达 23.7%，占比从 25.0% 提升至 36.4%；轻微型货车市场在蓝牌车超载超限治理、城市配送物流需求增长拉动等因素影响下，2016—2020 年的年均复合增长率为 11.1%，占比近 60%；大中型客车市场在城市轨道交通、高铁等公共交通网络不断完善及私家车需求增长等因素影响下，市场规模呈萎缩趋势，占比从 2016 年的 9.3% 降至 2021 年的 2.3%。

⊖ E-fuel 为使用可再生能源生产的合成燃料。

"十四五"以来，商用车市场进入新一轮调整周期，购车需求放缓。受前期环保和超载政策治理下的需求透支、经济增速放缓以及油价处于高位运行等综合因素叠加影响，商用车由增量市场进入存量市场，销量呈现阶段性下降态势。2022年商用车销量为243.9万辆，同比下降39.4%，结束"十三五"期间一直保持的高增长态势（图2-1）。其中，重型货车在经济增速放缓、基建投资下降、疫情反复、油价大涨、运力需求饱和等诸多不利因素影响下，销量为48.6万辆，同比下降66.1%，占比降至19.9%；以商场超市配送、农副产品运输、家具家电运输等城市配送物流为主的轻微型货车销量为181.7万辆，同比下降24.5%，低于市场整体降幅，占比升至74.5%。

图2-1 2016—2022年我国商用车细分车型市场销量（单位：万辆）及占比

（三）我国商用车技术路线发展现状

商用车技术路线以柴油内燃机为主，受环保政策驱动，新能源商用车呈现加速增长态势（图2-2）。

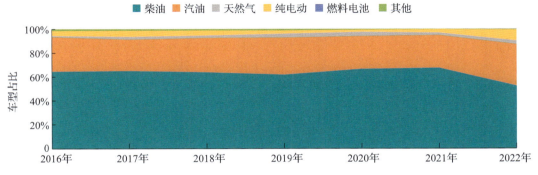

图2-2 我国商用车细分技术路线的结构走势

传统燃料内燃机方面，由于商用车运输工况对动力性及经济性的要求，技术路线以柴油内燃机为主，渗透率在60%左右，2022年受重型货车市场销量大幅下降影响，渗透率降至52.6%；汽油内燃机主要应用在总质量3.5t以下的轻微型货车市场，销量占比30%左右；天然气内燃机市场主要应用在有稳定货源、运输线路固定且气源充足的山西、新疆、陕西、宁夏、河北等区域，近几年，随着天然气供给保障能力加强以及柴油价格上涨，其燃料成本优势不断扩大，市场销量整体呈快速发展态势。

纯电动商用车方面，一方面，在国家"双碳"目标持续推动下，钢铁等排污减碳重点行业的环评考核趋严以及新能源商用车路权优势逐步扩大；另一方面，由于电动商用车在短途牵引车运输、城建渣土运输、城市配送物流等场景的成本优势以及充换电站基础设施逐步完善等积极因素影响下，呈现快速增长态势，2022年市场销量增长91.1%，渗透率提升至9.4%。

氢燃料电池商用车方面，示范城市群开展氢燃料电池汽车的示范运营将加速推进氢燃料电池商用车的商业化发展进程。2022年氢燃料电池商用车销量近5000辆，增长151.1%，其中，牵引车销量约1300辆，占比30%左右，主要应用在钢铁、煤炭运输等中短途运输场景；城市公交及旅游团体客运销量近1200辆，占比约25%；另外，在城建渣土运输、轻型城市物流、中型城际物流及市政环卫等场景也均实现市场突破。

低碳、零碳内燃机商用车方面，甲醇作为商用车碳中和低碳路径的替代燃料之一，近两年在局部地区已有小规模示范运营，但受购置及使用成本高、基础设施不完善等因素影响，暂未实现规模化推广；另外，一汽解放、东风、玉柴、潍柴等多家企业成功点火氢、氢氨等新型零碳燃料内燃机，加速对零碳技术路线的探索与产品储备。

三、我国商用车碳排放现状

过去十年中，我国商用车保有量规模持续增长，车用燃料以柴油、汽油及天然气等化石能源为主，新能源商用车尚处于起步发展阶段，以城市公交等场景的示范运营为主，市场占比较小，导致商用车碳排放量逐年增加，2021 年商用车运行阶段碳排放量增长至 5.1 亿 t 左右，如图 2-3 所示。

图 2-3　2012—2021 年商用车运行阶段碳排放量

从细分车型来看（图 2-4），重型货车为商用车最主要的碳排放来源，2021 年碳排放量为 4.3 亿 t，占商用车的比例为 84.2%；其次是轻型货车，2021 年碳排放量约 0.6 亿 t，占商用车的比例为 11.0%。**从细分场景来看**（图 2-5），重型中途牵引运输场景车辆保有量大、运输强度高，为运行阶段碳排放量最大的细分场景，2021 年碳排放量约 2.5 亿 t，占商用车碳排放量的比例为 48.3%；其次，重型短途载货运输场景碳排放量为 0.4 亿 t，占商用车碳排放量的比例约为 9%；重型短途牵引运输、重型公路运输、轻型城市物流细分场景碳排放量占比均超过 5%，以上 5 个细分场景为商用车碳排放主要贡献领域。

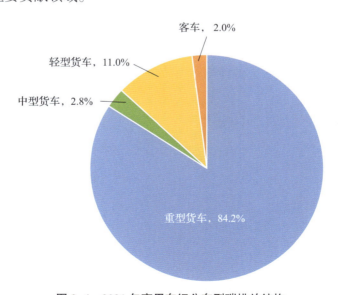

图 2-4　2021 年商用车细分车型碳排放结构

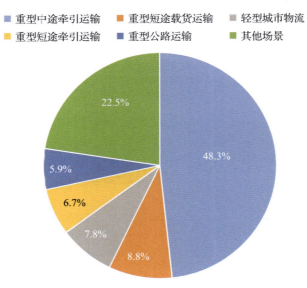

图 2-5　2021 年商用车细分场景碳排放结构

第三部分 碳中和技术路径可行性评估

商用车碳中和技术路线图1.0

一、评估框架及方法介绍

（一）技术路径竞争力评估方法

为了实现商用车碳中和技术路线科学系统评估，14 条技术路线统一按照"PST3E"技术路径评估框架，从政策法规（Policy，P）、场景适用性（Segment Applicability，S）、技术成熟度（Technology Readiness，T）、技术经济性（Economy of Technology，E）、环境减排效益（Environment Effect，E）、能源供给潜力（Energy Supply，E）六个维度进行系统对比分析，采用"多要素融合分级决策"评估模型，综合评估面向 2060 年关键时间节点的各技术路线的发展潜力和市场竞争力。"PST3E"研究框架如图 3-1 所示。商用车碳中和技术路线"多要素融合分级决策"评估模型如图 3-2 所示。

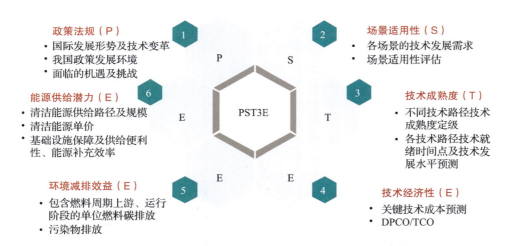

图 3-1 "PST3E"研究框架

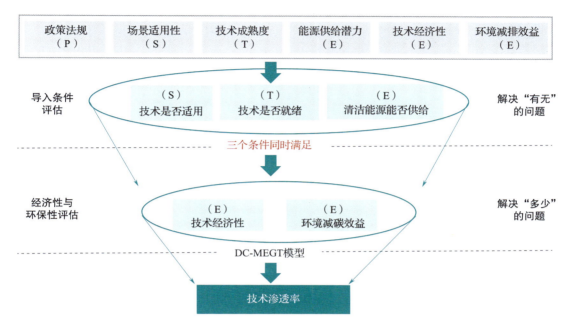

图 3-2　商用车碳中和技术路线"多要素融合分级决策"评估模型

（二）技术渗透率预测方法

1. 预测模型

本研究基于多项 MNL 离散选择模型（DCM）搭建商用车市场渗透率模型——零碳商用车市场演进模型（Discrete Choice-based Market Evolution of Green Truck Model，DC-MEGT）。离散选择模型由决策者、备选项以及备选项属性等关键要素组成。其中，决策者为在不同细分场景下的商用车车队或个人购买者；备选项指 14 条不同技术路线的商用车；备选项属性指决策者的购车关注点。考虑到现阶段零碳商用车市场推广的关键难点，在各技术路线商用车技术就绪的前提下，决策者的需求核心关注点包括 DPCO、使用便利性成本、碳价政策等因素（图 3-3）。

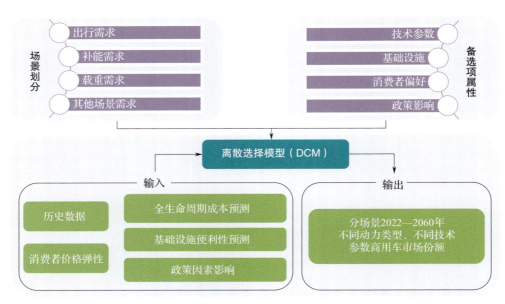

图 3-3 DC-MEGT 模型框架

2. 关键要素预测

（1）柴油动力平价拥有总成本

由于柴油商用车场景覆盖最全、技术最成熟，各技术路线的 DPCO 与柴油车持平更易被市场接受。本研究以各技术路线与柴油车的 DPCO 持平时间为参考，评估各技术路线的市场导入点，结合车辆拥有总成本，通过模型测算技术渗透率。商用车拥有总成本主要考虑车辆购车成本、使用成本及车辆残值，是影响市场渗透率的最主要因素。

（2）使用便利性成本

商用车作为社会生产工具，对补能时间比较敏感。考虑到充电时间对长运距、使用强度高的场景影响更为明显，本研究主要聚焦纯电动技术路线，选取日均运距在 500km 以上、日均运营 10h 以上的重型长途牵引运输、重型中途牵引运输、重型中途载货运输 3 个场景为研究对象，结合其单位时间内所获得的利润水平来估算由于寻找充电桩及进行充电所带来的时间成本。如表 3-1 所示，重型长途牵引运输属于"人停、车不停"的高强度、高价值运输场景，充电时长所造成的使用便利性成本更高。

表 3-1 细分场景的使用便利性成本计算数据

细分场景	年里程/km	续驶里程/km	充电频率/（次/年）	纯电动较柴油车单次补能时长差/h	场景平均利润/（元/h）
重型长途牵引运输	250000	392~1000	638~250	1.6~0.3	67
重型中途牵引运输	225000	379~750	594~300	1.6~0.3	50
重型中途载货运输	172800	258~750	669~230	0.8~0.1	65

重型长途牵引运输场景的年行驶里程是 25 万 km，假设 2025 年我国纯电动重型长途牵引运输车的续驶里程为 400km，同时假设在整车能耗不断优化以及电池技术逐步发展的作用下，未来续驶里程提高到 1000km，车辆充电频率则将从 2025 年的 638 次/年下降到 250 次/年；假设采用快速充电（快充）进行补能，2025 年其单次充满 80% 的补能时长较柴油车相差约 1.5h，以重型长途牵引运输场景的场景平均利润 67 元/h 进行计算，则 2025 年使用便利性成本约 7 万元/年，而随着补能效率提升、充电频率降低，于 2060 年则下降至 0.5 万元/年。按照相同方法分别计算得出重型长途牵引运输、重型中途牵引运输、重型中途载货运输 3 个场景在 2021—2060 年各时间节点的场景使用便利性成本，如图 3-4 所示。

图 3-4 2021—2060 年重型商用车典型场景的使用便利性成本

（3）碳价政策

碳定价（Carbon Pricing）是政府实施气候战略的主要手段，指政府利用一系列政策工具等方法来制定碳价格，将碳排放产生的外部成本内化为碳价，其对温室气体的排放按照每吨二氧化碳为单位赋予明确的定价机制。全球范围内，世界银行根据目前各国碳价提出了碳定价走廊，2030年全球碳定价走廊为61~122美元/tCO_2当量。目前我国主要应用碳排放交易体系来有效实现碳定价功能，根据中央财经大学绿色金融国际研究院于2022年所整理发布的数据，2021年我国平均碳排放配额交易价格为42.85元/t，碳交易价格相对国际价格偏低。如图3-5所示，根据清华大学能源环境经济研究所对中国碳价市场的预测，我国2030年碳边际减排成本为84元/t，2035年为155元/t。

目前，交通碳排放暂未被纳入我国的碳排放交易市场，结合碳价测算商用车综合成本，有助于识别商用车通过碳减排实现的经济价值，更全面地评估各技术路线商用车的发展潜力。

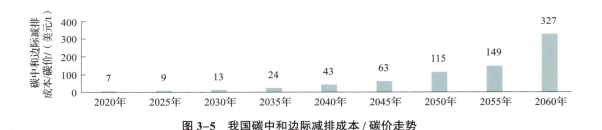

图3-5　我国碳中和边际减排成本/碳价走势

注：1. 数据来源于清华大学能源环境经济研究所。
　　2. 图中以2011年美元不变价计算。

（三）碳排放测算方法

碳排放只测算商用车运行阶段的直接碳排放，参考《IPCC 2006年国家温室气体清单指南2019修订版》确定碳排放测算方法体系，综合考虑数据颗粒度及可获取性，商用车运行阶段主要采用"自下而上"的方式测算排放量，即通过商用车活动水平与对应碳排放因子乘积之和，计算得到总碳排放量的方法，其主要影响因素是汽车保有量及保有量结构、单车年均行驶里程、单车能耗水平、碳排放因子等（图3-6）。

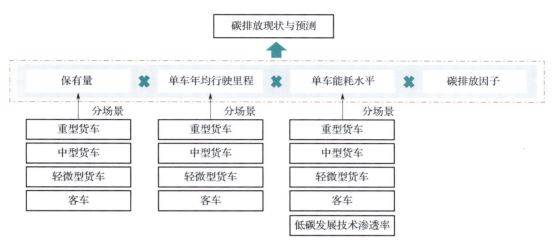

图 3-6 商用车碳排放测算模型

二、政策法规（P）评估

（一）评估思路

根据国家在能源规划、车辆推广方面的相关战略规划、意见及实施方案等指导文件，评估各技术路线是否具备政策支持的发展条件。政策法规既是不同技术路线商用车的市场导入门槛，也是其市场发展的助推器，国家相关部委从能源供给、市场推广支持等维度对不同技术路线商用车的发展潜力进行了规划与引导，明确了各技术路线商用车的发展基调。

（二）政策法规环境分析

纯电动、氢燃料电池等新能源商用车相对于其他技术路线具备优先发展的政策优势。 从能源规划端看，如表 3-2 所示，《新型电力系统发展蓝皮书》中提出，电力系统作为能源供给体系的核心，要加强电力供应支撑体系、新能源开发利用体系、储能规模化布局应用体系、电力系统智慧化运行体系等四大体系建设，为电动商用车大规模发展提供了电能供给保障；《氢能产业发展中长期规划（2021—2035 年）》中明确了氢能在能源系统中的战略定位，提出"氢能是用能终端实现绿色低碳转型的重要载体",从国家战略层面为氢燃料电池及氢内燃机商用车的长期发展提供了氢能供给保障;《"十四五"现代能源体系规划》中明确了加强天然气供给能力,但新增天然气量优先保障居民生活需要和冬季供暖,将导致车用天然气供给规模相对受限,天然气商用车将集中于富气区域发展;《"十四五"生物经济发展规划》中指出,"强化底线思维,按照以人为本的原则,提高国家生物安全保障能力",结合我国发展生物质能源遵循"不与人争粮,不与粮争地"的原则,从上游原材料制取角度决定了生物柴油技术路线商用车难以实现大范围发展的基调;相对于电能、氢能,二甲醚、氨等燃料的能源定位暂不明确,供给前景存在一定的不确定性。

表3-2 我国能源规划类政策文件(部分)

政策文件名称	要点	解读
新型电力系统发展蓝皮书	践行"双碳"目标,能源是主战场,电力是主力军。电力系统作为能源供给体系的核心,以电力供给支撑经济增长,实现经济高效低碳发展	为电动商用车可持续的电能供给提供可靠保障
氢能产业发展中长期规划(2021—2035年)	氢能是未来国家能源体系的重要组成部分,氢能是用能终端实现绿色低碳转型的重要载体	为氢能商用车可持续的氢能供给提供战略保障
"十四五"现代能源体系规划	积极扩大非常规资源勘探开发,统筹推进液化天然气接收站等储气设施建设,新增天然气量优先保障居民生活需要和北方地区冬季清洁取暖	天然气供给能力增强,但优先保障民用及冬季供暖
"十四五"生物经济发展规划	遵循"不与人争粮,不与粮争地"的原则;强化底线思维,按照以人为本的原则,提高国家生物安全保障能力	车用生物燃料供给规模有限

从市场推广端看,如表3-3所示,第四阶段燃料消耗量限值标准的实施将加速推进内燃机向混合动力技术方向升级,尤其是在重型长途牵引运输、重型中途牵引运输等能耗下降难度较大的重型中长途运输场景;公共领域车辆全面电动化先行区试点工作使新能源商用车在环卫、邮政快递、城市物流配送等场景具备优先导入的政策优势;示范城市群开展氢燃料电池汽车的示范运营将加速推进氢燃料电池商用车的商业化发展进程。从近几年相关的政策来看,纯电动、氢燃料电池等新能源商用车具备优先导入的政策优势。

表 3–3　我国新能源商用车市场推广类标准/政策文件（部分）

标准/政策文件	要点	解读
第四阶段《重型商用车辆燃料消耗量限值》（征求意见稿）	第四阶段限值较第三阶段限值加严15%左右	加速低碳节能技术的导入，如混合动力技术
2030年前碳达峰行动方案	大力推广新能源汽车，逐步降低传统燃油汽车在新车产销量和汽车保有量中的占比	柴油商用车占比逐步下降
	推动城市公共服务车辆电动化替代，推广电力、氢燃料、液化天然气动力重型货运车辆；到2030年，当年新增新能源、清洁能源动力的交通工具比例达到40%左右	新能源及清洁能源技术路线多样化发展
关于开展燃料电池汽车示范应用的通知	开展燃料电池汽车示范应用工作，将对燃料电池汽车的购置补贴政策，调整为燃料电池汽车示范应用支持政策	加速氢燃料电池汽车商业化进程
关于组织开展公共领域车辆全面电动化先行区试点工作的通知	2023—2025年，公共领域新增及更新车辆中新能源汽车比例显著提高，城市公交、环卫、邮政快递、城市物流配送领域力争达到80%	新能源商用车在公共领域有优先导入优势

三、场景适用性（S）评估

（一）评估思路

综合考虑各技术路线的燃料特性以及场景对产品性能的需求，判断各技术路线在细分场景的适用性。从场景需求来看，各场景均关注有效载货量、连续运行时长、时效性、成本收益等方面，但不同场景的关注侧重点不同（表 3–4），如日均运距1000km以上的场景对运输时效性要求高且对载货量敏感，续驶里程短、补能效率低、整备质量大的技术路线不适用于该场景。**从各技术路线特征来看**，受燃料特性及车辆技术构型影响，不同技术路线的商用车在能耗、补能效率、续驶里程及车载储能等方面存在差异（表 3–5），如热值低或能量密度低的燃料需要相对较大的车载储能空间，考虑储能部件的空间布置，更适用于重型商用车。另外，能源供给潜力及经济性也是场景适用性评估的重要因素，将分别在能源供给潜力评估及技术经济性评估部分详细表述，本节不再赘述。

表 3-4 不同场景的核心诉求

场景类别	典型场景	核心购车关注点
日均运距大于1000km	重型长途牵引运输	连续运行时长、动力性、可靠性、时效性、有效载货量（质量或容积）、基础设施便利性
日均运距500~1000km	重型中途牵引运输、重型中途载货运输	有效载货量（质量或容积）、连续运行时长、成本及收益、可靠性、基础设施便利性
日均运距200~500km	重型短途牵引运输、重型短途载货运输、重型公路运输、重型危险化学品运输、中型城际物流、旅游团体客运	成本及收益、时效性、基础设施便利性、有效载货量（质量或容积）
日均运距小于200km	重型城建渣土运输、重型清运类、重型混凝土运输、重型起重运输类、重型清洗类、重型清扫类、中型工程自卸、中型清运类、中型清洗类、轻型城市物流、轻型自卸运输、轻型清障类、轻型高空作业类、微型货车、公交、定制客运、校车	微型货运：成本及收益、可靠性、基础设施便利性 环卫：可靠性、基础设施便利性 城建渣土运输：成本及收益、可靠性、有效载货量 定制客运：成本、可靠性、基础设施便利性

表 3-5 不同技术路线特征

技术路线		关键技术路线特点
内燃机	甲醇	1）燃料性能接近柴油，含氧量高、辛烷值高、抗爆燃性好 2）甲醇热值较柴油低，同续驶里程下需要更大的车载储能空间 3）汽化潜热较大，着火性能差，冷起动性能差 4）液体，易储运
	柴氨/氢氨	1）氨热值较柴油低，同续驶里程下需要更大的车载储能空间 2）氨燃料点燃能量高、燃烧速度慢、抗爆燃性好，可采用高压缩比实现高热效率 3）液化，体积能量密度相对气氢高 4）产品仍处于在研状态
	氢	1）氢气的燃烧速度快、可燃极限宽、点火能量需求低 2）气氢体积能量密度较柴油低，是液氨的1/400，同续驶里程下需要更大的车载储能空间 3）产品仍处于在研状态

（续）

技术路线		关键技术路线特点
内燃机	二甲醚	1）无色、有挥发性醚味的气体或压缩液化气体，自燃温度低、十六烷值高、扩散速度快，可掺混或直接燃烧，更易压燃 2）热值较柴油低，同续驶里程下需要更大的车载储能空间
	生物柴油	1）一代生物柴油热值与石化柴油相近，燃烧特性好，可与柴油任意比掺混 2）以废弃油脂和植物为原料，集中于大城市周边
混合动力	传统混合动力	1）节能增效，可与内燃机融合发展 2）不同场景适用的混合动力技术路线各不相同
	插电式混合动力	1）可根据工况采用不同的混合动力技术路线，以实现节能减碳 2）可加油也可充电，基础设施便利性好
	增程式混合动力	1）可根据工况采用不同的混合动力技术路线，以实现节能减碳 2）可加油也可充电，基础设施便利性好，缓解续驶里程焦虑
电动化	纯电动	1）纯电动在短途运输场景已满足场景需求 2）动力蓄电池电量及能量密度影响商用车有效载货量及连续运行时长 3）补能效率远低于柴油车
	换电	1）换电在短途运输场景已满足场景需求 2）补能效率与柴油车相近 3）换电站适合布局在线路固定、日均运距较长、高频次运输的场景
	氢燃料电池	1）氢质量能量密度高，具有续驶里程及载重优势 2）燃料加注速度快，补能效率高

（二）场景适用性分析

低碳、零碳燃料内燃机主要适用于重型货运场景。天然气商用车已在我国推广应用超过10年，技术路线发展成熟，考虑其动力性、经济性等因素，主要应用于中重型货运场景。氢氨及柴氨内燃机由于燃料燃烧速度慢、抗爆燃性好，可采用高压缩比实现高热效率，更适用于重型牵引运输、载货、自卸等场景。甲醇、二甲醚及氢等燃料体积能量密度低于柴油，要达到与柴油车相同的续驶里程，其车载储能装置需要更大的布局空间，相较轻微型货车，更适用于重型牵引运输、载货、自卸各场景（表3-6）。

表 3-6 不同技术路线适用场景

序号	适用场景	内燃机（含 HEV）						插电/增程式混合动力		纯电动		燃料电池
		柴油	天然气	甲醇	柴氨	氢氨	纯氢	PHEV	REEV	充电式	换电式	氢燃料电池
1	重型长途牵引运输	√	√	√	√	√	√	√	√	√	√	√
2	重型中途牵引运输	√	√	√	√	√	√	√	√	√	√	√
3	重型短途牵引运输	√	√	√	√	√	√	√	√	√	√	√
4	重型中载货运输	√	√	√	√	√	√	√	√	√	√	√
5	重型短途载货运输	√	√	√	√	√	√	√	√	√	√	√
6	重型城建渣土运输	√	√	√	√	√	√	√	√	√	√	√
7	重型公路运输	√	√	√	√	√	√	√	√	√	√	√
8	重型清运类	√	√							√		
9	重型危险化学品运输	√	√									√
10	重型混凝土运输	√	√							√		
11	重型起重运输类	√	√							√		
12	重型清洗类	√	√							√		

第三部分 碳中和技术路径可行性评估

	13	14	15	16	17	18	19	20	21	22	23	24	25	26
	重型清扫类	中型城际物流	中型工程自卸	中型清运类	中型清洗类	轻型城市物流	轻型自卸运输	轻型清障类	轻型高空作业类	微型货运	公交	旅游团体客运	定制客运	校车

插电式混合动力、增程式混合动力更适用于短途运输场景。从混合动力商用车来看,传统混合动力技术包括 P0、P1、P2、eCVT 及串联式混合动力等技术,不同场景适用的混合动力技术路线不同(表 3-7)。插电式混合动力、增程式混合动力技术路线目前更适用于轻型货运及重型短途运输场景(表 3-6),在中长途运输场景,氢燃料电池、纯电动、零碳燃料内燃机等零碳技术路线就绪之前,可作为过渡性技术路线发展。

表 3-7 不同传统混合动力技术的适用场景

工况 / 场景	P0	P1	P2	DHT/eCVT	串联式混合动力
适用工况	适用于路况比较简单、中高速工况	适用于路况比较简单、中高速工况	适用于路况比较简单、中高速工况	适用于路况复杂、中高速工况	适用于路况复杂、频繁起停、驻车时间长、平均车速低的工况
适用场景	轻型载货运输	中、长途	中、长途	短途运输、城际物流、旅游团体客运、定制客运	短途等非高速公路场景,专用车类场景,中、重型工程载货运输、公交

注:DHT 是混合动力变速器的缩略语。

纯电动更适用于中短途运输场景,氢燃料电池主要适用于中长途运输场景。由于政策和安全因素,除了校车与危险化学品运输场景外,其他细分场景均有纯电动或氢燃料电池技术路线产品布局。结合续驶里程、载质量系数、补能效率等因素综合来看,充电技术路线商用车更适用中短途运输场景,在日均运距 1000km 以上的长途运输场景,对车辆自重相对不敏感的快递等轻抛货物运输场景也存在部分客户群需求;未来在动力蓄电池能量密度大幅提升及超级快速充电(超级快充)网络建设完善的前提下,长续驶能力的充电式重型货车在长途运输场景也存在一定的发展潜力。换电技术已基本成熟,目前主要适用于重型牵引短途运输、城建渣土运输等频率高、线路相对固定的运输场景;换电商用车应用场景的拓展受换电基础设施密集度影响,若换电基础设施在日均运距 500km 以上的中长途场景布局到位,换电商用车在中长途场景也具备发展潜力。氢燃料电池商用车具有更高的功率密度和质量能量密度,以及更快的燃料加注速度,在载重和续驶里程方面较纯电动商用车有优势,更适用于中长途干线运输、高载重运输等场景(表 3-6)。

四、技术成熟度（T）评估

（一）评估思路

参考 GB/T 22900—2022《科学技术研究项目评价通则》，当商用车整车及各关键零部件技术成熟度均达到第 7 级，可评定为达到就绪水平。技术成熟度（Technology Readiness Level，TRL），通常又称为技术就绪水平或技术准备度。其主要含义是科研成果的技术水平、工艺流程、配套资源、技术生命周期等方面所具备的产业化实用程度。GB/T 22900—2022《科学技术研究项目评价通则》（以下简称《评价通则》）把从发现基本原理到实现产业化应用的技术成熟过程划分为 9 个等级。参考《评价通则》的科研项目技术就绪水平量表（表 3-8），通过德尔菲调查和专家研讨等方法，对商用车整车及其关键零部件的技术成熟度进行等级界定。当商用车整车及各关键零部件技术成熟度均达到第 7 级，就可评定为达到就绪水平。

表 3-8　科研项目技术就绪水平量表

级别	技术就绪水平通用定义	主要成果形式
第 9 级	具备大批量产业化水平与服务条件（多次可重复），形成质量控制体系，质量检测合格，具备市场准入条件	大批量产品、质量检测结论、大批量生产条件、可重复服务条件、市场准入许可
第 8 级	完成小批量试生产并形成实际产品，产品、系统定性，工艺成熟稳定，生产与服务条件完备，能够实际使用，形成技术标准、管理标准并被使用	小批量生产、工艺归档、小批量生产条件、服务条件、实际使用效果、标准
第 7 级	正样样品在实际环境中试验验证合格，进行应用，得到用户认可，形成专利等知识产权并被使用、授权或转让	试验验证结论、用户试用效果、用户应用合同、专利、各类知识产权、授权合同、转让合同
第 6 级	实验室中试（准生产）环境中的正样样品完成，全部功能和性能指标多次测试通过并基本满足要求	正样、功能结论、性能结论、测试报告
第 5 级	实验室小试（模拟生产）环境中的初样样品完成，主要功能和性能指标测试通过	初样、功能结论、性能结论、测试报告

（续）

级别	技术就绪水平通用定义	主要成果形式
第 4 级	在实验室环境中关键功能可实现，形成论文、著作、知识产权、研究报告并被引用或采纳	论文、报告、著作、引用次数、采纳次数
第 3 级	实验室环境中的仿真结论成立，通过测试	仿真结论、测试报告
第 2 级	被确定为值得探索的研究方向且提出可行的目标和方案	方案、论文、报告
第 1 级	产生新想法并表述成概念性报告	报告

（二）技术就绪时间

氢、氢氨内燃机分别于 2025 年、2030 年技术就绪，氢燃料电池、纯电动商用车在中长途场景分别于 2025 年、2030 年技术就绪。

从关键零部件就绪水平来看，氢内燃机、氢氨内燃机已成功点火；电机、电控、变速器及后桥高效集成的商用车电驱动总成已技术就绪；扁线电机、碳化硅器件、液冷充电接口等零部件预计 2025 年前技术就绪；磷酸铁锂动力蓄电池已在商用车中批量应用，磷酸锰铁锂蓄电池目前达到第 7 级，固态电池预计 2030 年前达到第 7 级、2035 年左右在商用车中批量应用；200kW 氢燃料电池系统、70MPa 储氢系统预计在 2025 年实现批量应用，支撑氢燃料电池商用车向 500km 以上的中途运输场景拓展，2030 年批量生产状态下的氢燃料电池系统功率达到 250kW 以上，液态储氢系统开始批量应用，支撑氢燃料电池商用车向 1000km 以上的长途运输场景拓展（图 3-7）。

从整车技术就绪水平来看，甲醇内燃机、生物柴油内燃机、插电式混合动力、增程式混合动力等技术路线商用车在适用场景已技术就绪；氢内燃机商用车 2025 年在适用场景技术就绪；柴氨、氢氨内燃机商用车在 2030 年左右技术就绪；纯电动、氢燃料电池技术路线商用车在短途运输场景已实现批量化应用，在中长途运输场景，纯电动技术路线预计在 2030 年左右技术就绪，可以同时满足续驶里程、补能等场景需求，氢燃料电池技术路线预计于 2025 年技术就绪（图 3-7）。

成熟度等级	整车技术就绪水平							
	现状	2025年	2030年	2035年	2040年	2050年	2060年	技术就绪
第9级	短途纯电动；增程、插电式混合动力；柴油、天然气、生物柴油；换电							
第8级	中短途燃料电池；甲醇内燃机							
第7级		氢内燃机；氢燃料电池（中途）	氢内燃机；氢燃料电池（长途）；纯电动（长途）；柴氢内燃机					氢燃料电池（长途）；纯电动（长途）；氢等零碳内燃机　技术就绪
第6级		柴氢内燃机；氨氢内燃机；长途充电重型货车						
第5级								
第4级								
第1~3级								

成熟度等级	现状	2025年	2030年	2035年	2040年	2050年	2060年	技术就绪
第9级	磷酸铁锂蓄电池；硅基器件；圆线电机		扁线电机；电控碳化硅器件；液冷充电接口；铝导体电缆					
第8级	铝导体电缆	磷酸锰铁锂蓄电池；铝导体电缆	磷酸锰铁锂电池	磷酸锰铁锂蓄电池				
第7级	磷酸锰铁锂电池；商用车电驱总成	扁线电机；电控碳化硅器件；液冷充电接口	柴氢内燃机；氨氢内燃机；固态电池					技术就绪
第6级	固态电池			固态电池				
第5级								
第4级	纯氢内燃机；扁线电机；电控碳化硅器件；液冷充电接口	柴氢内燃机；氨氢内燃机						
第1~3级	大功率氢燃料电池堆系统技术（电机+电控+变速器+后桥高效集成）							

图 3-7　各技术路线商用车及关键零部件技术就绪时间

（三）技术发展趋势

从内燃机发展趋势来看，提高发动机热效率是实现节能增效的重要技术路径。

柴油内燃机方面，美国"超级卡车"项目推动康明斯、戴姆勒等企业已实现柴油发动机有效热效率达到 55%，我国多家企业批量生产的重型柴油发动机峰值热效率为 47%，实验室状态下最高可超过 50%；批量生产的中型柴油发动机热效率为 44%、轻型柴油发动机热效率为 41%。通过开发超高压燃油喷射系统、电控可变气门、可变压缩比和可变热力循环技术及智能控制系统等先进技术，未来批量生产的重型、中型、轻型柴油发动机的热效率最高可分别提升至 55%、53%、46%，将促进重型、中型、轻型商用车的百公里油耗分别较 2021 年下降 20%、15%、12%。

天然气、甲醇内燃机方面，天然气重型发动机目前的最高热效率已达到 41%~42%，通过采用缸内高压直喷柴油微引燃等技术，未来批量生产状态重型天然气内燃机的热效率可提升至柴油机水平，实现百公里气耗较 2021 年下降 45% 左右。目前可批量生产的重型甲醇内燃机热效率为 41%~42%，未来可通过燃烧系统优化、换气组织效率提升、摩擦和附件功耗降低来提升热效率至柴油机水平，实现百公里醇耗较 2021 年下降 30% 左右。

新型低碳、零碳燃料内燃机方面，氢内燃机于 2025 年技术就绪时，批量生产内燃机热效率可达 43%~45%，未来预计可提升至 52%，实现百公里氢耗较 2021 年下降 20% 以上。考虑到氨燃料热值低、燃烧速率较低，抗爆燃性好，氢氨、柴氨内燃机可采用大压缩比实现较高热效率，2030 年技术就绪时，发动机热效率达到 47% 以上，未来可提升至柴油机水平，实现百公里氨耗较 2021 年下降 25% 左右。

从混合动力技术发展趋势来看，传统混合动力技术将与内燃机融合发展，增程式混合动力、插电式混合动力作为过渡性技术路线逐渐被替代。

发展传统混合动力技术将成为内燃机节能低碳发展的关键途径，混合动力专用发动机体积更小、功率密度更大，能够有效减少摩擦损失、降低碳排放、提升燃油经济性。以柴油内燃机为例，通过仿真实验测算，搭载混合动力和制动能量回收技术的节能率可达 11%~38%（不同场景）。

插电式混合动力商用车的节能优势在轻型货车场景更加明显，而在中重型货车与客车场景的节能率较低，由于其属于新能源技术路线，在税费减免、城市路权等方面具备优势；增程式混合动力技术路线重点解决商用车纯电续驶里程不足问题，是商用车实现全里程电动化的重要过渡性技术方案，目前主要应用于轻型城市物流场景。预计2035年左右，纯电动商用车的续驶能力将满足日均运距500km以下的所有细分场景需求，插电式、增程式混合动力技术路线将逐步被纯电动技术路线取代。

从纯电动及氢燃料电池技术路线来看，纯电动为商用车主要零碳技术路线，氢燃料电池主要应用于中长途运输场景。

纯电动商用车从场景需求来看，续驶里程已满足公交、环卫、城建渣土运输等短途场景的行驶需求，以城建渣土运输场景为例，日均运距在200~400km，装配370kW·h电池，充满电可达到200km左右的续驶里程，一天补电一次即可满足该场景的行驶里程需求；从整车寿命来看，磷酸铁锂蓄电池充放电循环次数在4000次以上，以城建渣土运输场景为例，370kW·h电池可实现全生命周期120万kW·h的放电量，能支撑城建渣土车10年左右的运营寿命。长期来看，动力蓄电池在2025年左右向磷酸锰铁锂体系过渡，2035年左右固态电池实现批量化应用，能量密度将突破450W·h/kg，充放电效率达到93%，实现三电[○]综合效率由目前的68.5%提升至82.7%，纯电动商用车的续驶里程、寿命、能耗等关键指标将全面升级，实现在更多细分场景的规模化应用。

氢燃料电池系统目前的寿命约1.5万h、最大系统功率150kW左右、额定效率45%，产品性能仅满足中短途运输场景需求。未来随着关键核心技术进步与系统结构优化，至2030年氢燃料电池系统寿命将提升至3万h左右，功率突破250kW，能量转化效率突破60%，产品关键指标达到在高强度运输场景推广应用的条件。氢燃料电池商用车具备续驶里程长、补能效率高、自重轻等优势，运输效率较纯电动商用车更有优势，是中长途运输场景主要发展的技术路线；在中短途运输场景，将结合场景需求与资源禀赋，与纯电动商用车互补发展。

从整车节能技术发展趋势来看，降阻、传动系统优化、智能网联等技术发展将提升商用车17%~22%的节能率。

整车"双碳"技术包括降阻、提高传动系统效率、轻量化以及智能网联技术（预见性驾驶、网联协同编队、V2X[○]整车控制优化等）。**整车降阻方面**，降低风阻途

○ 在新能源汽车中三电指电机、电池和电控系统。
○ V2X是Vehicle to Everything的缩写，即车辆与外界各类对象的信息交互。

径以优化驾驶舱造型为主，降低滚动阻力主要通过优化轮胎材料及外形结构，降低附件功耗主要通过高压附件由机械驱动向电力驱动发展，至2060年实现商用车风阻系数较2021年降低约26%，整车能耗降低约8%。**传动系统优化方面**，传统燃油商用车采用机电耦合变速器的混合动力系统相较于采用电控机械式变速器（AMT）的动力系统，燃油经济性优势更明显；纯电动、氢燃料电池商用车将通过不断提高电驱动及传动总成、集中式电桥、分布式电桥的集成化程度实现能耗经济性提升。**轻量化方面**，将大幅度增加再生材料、绿色环保材料等新材料的应用，降低商用车整备质量、提升载货量实现运输效率的提升，但轻量化技术在商用车中的应用程度取决于技术成本及其所带来的经济收益；不同场景对轻量化技术的需求迫切程度不同，重型货车各场景及轻型城市物流场景对轻量化的需求较其他场景更为迫切。**智能网联方面**，乘用车一系列智能网联原创性科技成果的应用普及，加速推进了我国商用车信息化、智能化进程。控制执行技术日益成熟、信息化智能化深度融合以及自主操作系统普及，有效推进了商用车燃料经济性的提升。智能网联商用车将逐步实现与智慧能源、智能交通、智慧城市的深度融合发展，应用场景从封闭园区向高速公路及全场景逐步拓展。综合考虑降阻、传动系统优化、智能网联等技术的不断进步，未来商用车通过整车"双碳"技术应用，节能率较2021年可提高17%~22%。

小结：提升内燃机热效率与发展传统混合动力技术将成为内燃机商用车节能低碳发展的关键途径；增程式混合动力、插电式混合动力为商用车全里程电动化的过渡性技术路线；氢燃料电池、纯电动商用车在短途各场景技术相对成熟，在中长途场景分别于2025年、2030年间技术就绪，未来将成为商用车的主要零碳技术路径；氢、氢氨等零碳燃料内燃机技术路线分别于2025年、2030年技术就绪，其发展前景受氢、氨能源供给能力影响。

五、能源供给潜力（E）评估

（一）评估思路

从清洁供给能力、规模供给潜力、补能便利性三方面综合评估能源供给潜力。从我国现代能源体系规划来看，一方面通过增强国内油气供应能力、加强煤炭安全托底保障、提升天然气储备和调节能力等措施，提升我国能源战略安全保障和运行安全水平；另一方面通过加快发展风力发电及光伏发电等非化石能源发电，推动能源绿色低碳转型。**从车用能源的含碳属性来看**，柴油、汽油、天然气等化石能源不具备零碳排放发展潜力；通过光伏、风能等可再生能源直接生成或二次、多次转化生成的电能、氢能等具备零碳排放发展潜力。**从基础设施建设来看**，充电站、换电站、加氢站在国家规划引导及政策支持下，正加速发展；天然气、甲醇等加注站在富能区域集中发展。本书结合商用车燃料技术应用现状及发展趋势，选取柴油、天然气、电力、氢能、氨、甲醇、生物质柴油、二甲醚 8 种能源，从清洁供给能力、规模供给潜力、补能便利性等方面综合评估能源供给潜力。

（二）柴油供给潜力评估

短期内，柴油供需呈平衡发展态势。2018 年以来，由于炼油利润不佳，以及国内环保政策增加了炼油企业的隐性成本，使得炼油企业生产意愿降低，再加上国内物流等多个下游用油行业需求减少，导致柴油产、需规模逐年递减。近两年，随着国内产能的扩张，炼油企业柴油收率提高，另外，各行业逐步复苏，柴油需求端稳步向好。据国家统计局统计，2022 年我国柴油产量为 1.9 亿 t、消费量约 1.8 亿 t，产销规模均创近 5 年新高。预计未来几年内，随着国内经济逐步复苏，柴油产销规模将继续保持高位运行，供需整体维持平衡态势。

长期来看，能源绿色低碳转型将导致柴油需求下降。从原油供给端来看，由于我国石油消费远大于国内供给能力，石油高度依赖进口，近年来进口依存度已超过 70%，能源安全问题日益成为我国战略安全隐患和制约经济社会可持续发展的瓶颈，加快能源结构转型是我国实现经济可持续发展的重要举措。在此趋势下，随着交通运输领域绿色低碳转型，车用能源将加速向绿色可再生能源方向转型，柴油需求将呈现下降趋势。

加油站正加速向综合能源服务站方向转型升级。从基础设施角度看，2022 年我国加油站总数量为 11.5 万座，较 2018 年增加约 1.1 万座，其中，分布在高速公路、省道、县乡道等商用车运输场景的加油站数量占比约 62%。短期内对加油站仍有较大的需求量，而从长期来看，随着新能源汽车的不断发展，我国加油站正在加速推动加氢、充换电等新兴业务的发展，向"综合能源服务站"转型，整合加油、加氢、加气、充电等能源服务与非油服务于一体，为消费者提供更加便捷、高效的多元化能源服务。

（三）天然气供给潜力评估

天然气作为过渡性清洁燃料为我国能源体系低碳转型提供基础保障。 天然气作为最清洁的化石燃料，相比于非化石燃料，在供应稳定性和获取成本方面具有较大优势，因此，天然气可作为过渡能源为建设清洁低碳、安全高效的新型能源体系提供基础保障。从路径上看，2030年前天然气的主要作用是减污、降碳，助力我国碳排放早日达峰，之后随着可再生能源比例的快速增加，天然气将逐渐与可再生能源深度融合，成为可再生能源的有益补充。根据《中国能源展望2060》报告预测，我国天然气需求量将在2040年达峰，约6155亿 m^3，而后逐渐回落，2060年天然气消费量预计为4100亿 m^3。能源安全问题将推动我国加大油气资源勘探开发力度，预计油气新增探明量和产量将保持较高水平发展。未来我国天然气产能将逐步提升，以保障天然气能源安全，减少进口依赖。在天然气需求量达峰前，我国天然气进口量仍将保持高位运行，达峰后，在整体需求量下降趋势下，国内天然气产量与需求量趋于平衡态势发展。

基础设施保障能力稳步提升为交通领域低碳转型提供基础保障。 1）液化天然气（LNG）加气站建设方面：截至2022年5月，我国LNG加气站数量增长至5321座，近5年复合增长率达14.3%，主要分布在西北、华北区域及山东省的煤炭、钢铁等大宗商品的运输通道；另外，江苏、浙江等东部区域及四川等西南区域建站数量正稳步增长，加气站数量充足为LNG商用车的发展提供了基础保障。2）液化天然气接收站建设方面：根据《中国LNG工厂与接收站分布图》统计，目前共收录LNG接收站95座，其中已投产24座，接收能力9035万t/年，在建、拟建71座，至2035年接收能力达到2.61亿t/年。3）储气调峰能力建设方面：冬季供暖对天然气需求加大，导致车用天然气供给不足，储气调峰能力不足仍然是我国天然气产业链发展的短板，但我国天然气储备能力正显著提升，据不完全统计，2011年国内地下储气库数量约为12座，2022年提升至36座，地下储气库工作气量提升至200亿 m^3 左右，储气调峰能力正逐步增强，以缓解天然气冬季供给紧张的问题。**从基础设施布局来看**，我国正逐步形成横跨东西、纵贯南北、联通海陆的供气网络，天然气供给能力正稳步有序提升，同时对车用天然气的保障能力也将得到显著提升。

（四）电力供给潜力评估

电力供给结构加速向可再生能源发电转向。2022年，我国电力供应保障能力进一步提升，累计发电装机容量约25.6亿kW，同比增长7.8%，全社会用电量8.6万亿kW·h，同比增长3.6%。人均电力装机容量由2014年1kW增长至1.7kW，人均用电量从4000kW·h增长至6100kW·h，超过英国、意大利，接近德国、法国等国家，电力供给水平全球领先。从电力供给结构看，可再生能源新增装机容量1.52亿kW，占全国新增发电装机容量的76.2%，已成为我国电力新增装机容量的主体。可再生能源发电量2.7万亿kW·h，占全国发电量的31.3%，呈逐年增长趋势，其中，风力发电和光伏发电年发电量首次突破1万亿kW·h。根据我国可再生能源发展规划，2025年，可再生能源发电量将达到3.3万亿kW·h左右，在全社会用电量增量中的占比超过50%，风力发电和太阳能发电的发电量实现翻倍，在2030年，风力发电和太阳能发电总装机容量达到12亿kW以上。在"双碳"目标推动下，可再生能源在保障能源供应方面发挥的作用将越来越明显。

超级快充技术发展助力电动商用车应用场景多元化发展。随着新能源汽车快速发展，我国充电基础设施行业迎来了进一步的发展与扩张，2022年公共充电桩保有量为179.7万台，同比增长率为56.7%，新增充电设施投放多数以单充电插头（俗称充电枪）最大120kW以上的直流快速充电设备为主，电源模块恒功率输出特性电压可达300~1000V，柔性充电堆技术已实现产业化应用。目前，超级充电（600kW以上）接口的充电桩尚未普及，为满足补能时效要求，部分场景使用双枪甚至3枪充电，使充电功率提升至400kW以上。结合场景需求及充电桩企业技术研发及产品布局情况，预计在2025年左右将普及480kW充电设备，2030年左右开始出现MW级别充电接口，2040年左右全面普及MW级充电设备，并且自动充电技术应用开始普及，以支撑电动商用车应用场景多元化发展。

换电站建设加速扩张，但互换标准化是其大规模发展的前提。目前商用车换电主要采用顶部顶吊式换电、整车单侧或双侧侧换、底部换电三种换电技术路线，其中，顶吊式换电是最早期的商业化方案，也是目前市场上应用最广泛的重型货车换电解决方案。2020年7月，我国首座重型货车换电站开始投入运营，截至2022年年底，全国已投资建设重型货车换电站近2000座，覆盖全国100余座城市，主要应用于矿山、钢厂、城市渣土运输、电厂等固定区域内的短途高频运输场景。由于换电模式下，车电分离销售可以有效降低用户初期购车成本，同时通过高效换电可解决用户续驶里程焦虑问题，近几年，换电式重型货车销量呈快速增长趋势，2022年占纯电动重型货车销量比例达49%。随着换电技术解决方案及商业模式不断成熟，换电式重型货车应用场景正逐步由短途运输向中长途运输领域拓展，比如，重庆在长江沿线进行换电站整体布局，打通四川达州、重庆开州、重庆万州三地矿山、电厂、商砼园区等高频重载运输场景，首期开发落地的绿色换电里程约420km，建成国内首组省际干线换电网络。但是，互换标准化是产业大规模发展的基础和保障，在市场强需求指引下，动力蓄电池、换电接口、换电机构互换标准化，多品牌、多车型可兼容的共享换电模式将成为行业发展的重点方向。

光储充一体化智慧能源站是未来补电基础设施的发展趋势。光储充一体化智慧能源站以电动汽车充电站为载体，根据能源互联网的设计理念，整合光伏、储能等分布式能源系统，实现源、网、荷、储协调运行，并在此基础上开展电动汽车充放电设施多种商业运营模式的实践示范。由于光储充一体站建设投入成本较大且技术成熟度有待提高，目前一体站多为示范站和新型能源实践站，未来，随着纯电动车辆应用规模增长、储能电池成本降低以及国家政策的扶持，光储充一体站有望实现规模化发展。

（五）氢能供给潜力评估

氢能是我国能源体系的重要组成部分，是实现交通低碳转型的重要燃料种类之一。氢能是一种理想的能量储存介质，主要优点在于可以为多种能源之间的能量与物质转换提供解决方案，可在一定程度上解决可再生能源消纳及并网稳定性问题。目前，我国是世界上最大的制氢国，年制氢产量约3300万t，其中，达到工业氢气质量标准的约1200万t，可再生能源装机量全球第一，氢能产业已初步掌握氢能制备、储运、加氢、氢燃料电池和系统集成等主要技术和生产工艺。但总体看，我国氢能产业处于发展初期，面临产业发展形态和发展路径仍需进一步探索等问题和挑战。《氢能产业发展中长期规划（2021—2035年）》中，明确将氢能定位为未来国家能源体系的重要组成部分、战略性新兴产业重点发展方向、用能终端实现绿色低碳发展的重要载体。根据规划，在"十四五"时期，初步建立以工业副产氢和可再生能源制氢就近利用为主的氢能供应体系，部署建设一批加氢站，可再生能源制氢量达到10万~20万t/年；到2035年，形成氢能产业体系，构建涵盖交通、储能、工业等领域的多元氢能应用生态，可再生能源制氢在终端能源消费中的占比明显提升，对能源绿色转型发展起到重要支撑作用。未来10~20年将是我国氢能产业快速发展的重大机遇期，随着绿氢供给能力增强和成本下降，氢能将会在交通、储能等领域发挥重要作用，是我国众多行业实现深度脱碳的战略能源，也是低碳交通转型长期发展潜力巨大的燃料种类之一。

车用氢气来源方面，逐步由化石能源制氢及工业副产氢向可再生能源电解水制氢转型。 目前氢气的生产方式主要分为三种，分别为化石燃料制氢、工业副产制氢和电解水制氢。2022年车用氢气消耗量约5万t，以化石能源制氢及工业副产氢为主，占比超过95%。根据《氢能产业发展中长期规划（2021—2035年）》，2025年我国氢燃料电池汽车保有量为5万辆，届时车用氢气消耗量将达到20万~40万t/年，氢气制取来源仍以化石能源制氢和工业副产氢为主，但可再生能源分布式制氢量占比有望超过5%。长期来看，随着我国可再生能源装机容量不断增大，风电、光伏等可再生能源电解水制氢将逐步成为氢能应用的主流选择，预计2035年占比达到35%左右，2060年达80%以上。

氢气储输向高密度、轻量化、低成本、多元化方向发展。 我国目前氢气储输以20MPa钢制高压长管拖车或瓶组为主；长输管道尚处于发展初期，里程较短且设计压力较低，暂不支持长距离、大流量输氢需求。为实现氢能发展目标，未来我国气态氢储输将以30MPa及以上的高压力等级方案为主，向轻量化、大容积和更高安全性的Ⅲ型瓶和Ⅳ型瓶发展，同时推进液氢储运技术、装备和关键零部件国产化，通过液氢槽车大幅提升运输效率、降低运输成本；另外，通过发展高压力的长输管道，实现大规模、长距离输氢，通过氢气输配管网，大幅降低氢气运输成本。储输氢方式需由各地的资源禀赋与条件、技术进展及法规成熟度来决定。一般来说，长距离、大流量、地质条件较好的区域适合长输管道或液氢运输；距离较短、用量较少，适宜管束高压气氢运输；用量大、距离较短的情况下，可考虑输配管网。

加氢站正加速技术创新与规模扩张，支撑氢能商用车规模化发展。 截至2022年，国内共建成加氢站274座，储氢方式以气氢为主，日加注能力普遍在1000kg以内，加氢站的加氢枪、高压阀门等关键零部件主要依赖进口，但国产化替代趋势在加速。根据各地方加氢站建设规划信息统计，到2025年，我国将建成加氢站约1000座，新建站日均加注能力以3000kg以上为主。未来，氢燃料电池车辆的规模化应用将推动加氢站关键设备和零部件的国产化，储氢方式也将从气态储氢向液态储氢发展，加氢站与加油站、充电站等合建站也将成为重要发展方向，到 2035 年，我国建成加氢站数量有望突破 5000 座。

车载储氢瓶技术向高安全性、轻量化和高储氢密度方向升级。目前，我国车载储氢系统主要以 35MPa Ⅲ 型瓶为主，70MPa 车载储氢系统处于示范阶段。相比于 Ⅲ 型瓶，Ⅳ 型瓶在轻量化和储氢密度方面更有优势。另外，车载液氢和深冷高压技术处于研发阶段，高安全性、轻量化和高储氢密度是车载储氢系统的发展趋势，未来，储氢瓶碳纤维材料、高压管阀件等关键零部件的技术将实现国产化替代，储氢系统将从 35MPa 向 70MPa、从 Ⅲ 型瓶向 Ⅳ 型瓶、从常温向低温、从小容积向大容积方向发展。预计 2025 年后，70MPa 储氢系统可实现规模化应用，支撑氢能商用车从短途运输场景向中途运输场景拓展，2030 年后，液氢系统开始批量应用，实现氢能商用车在 1000km 以上的长途运输场景中的应用。

（六）氨供给潜力评估

氨既可作为比较理想的储氢载体，也有发展成零碳属性燃料的潜力。目前绿氨生产成本较高，技术并不成熟，大规模商业化项目较少，我国正在探索多种绿色制氨方法，例如固氮酶合成氨、光催化合成氨、电催化合成氨、等离子体法合成氨、循环工艺法合成氨以及超临界合成氨等，但每种制氨方法均面临待攻克的技术难题，如制取效率低、催化剂不稳定且难回收利用等。另外，氨作为储氢载体，能量密度大、易液化，方便运输和储存，且贸易与储运体系已相对完善，氨氢融合发展为商用车行业提供了一种潜在的高效且零碳排放的能源储存与转化路径；但氨作为车用燃料，其点火能量高、燃烧速率低且不稳定，是当前面临的主要技术难题。整体来看，氨既可以作为比较理想的储氢载体，也具备零碳燃料的发展潜力，但取决于绿氨能否实现大规模、低成本制取以及燃烧技术的发展。

（七）甲醇供给潜力评估

甲醇可作为现阶段交通低碳转型的区域性供给的过渡性燃料，具备成为零碳燃料实现大范围推广的发展潜力。绿色甲醇可利用太阳能、风能等可再生能源电解水制取绿氢，再由绿氢与空气中捕集的二氧化碳转化生产，但是目前，绿色甲醇生产成本远高于普通甲醇，产量也相对较低，属于新兴领域。现阶段，甲醇商用车以使用化石能源转化而成的普通甲醇燃料为主，应用场景及基础设施主要集中在山西、新疆等化石能源丰富的华北、西北区域。现阶段，甲醇可作为商用车低碳转型的过渡性燃料，在西部富醇区域已实现规模化应用；长期来看，在全国大范围推广应用方面具备一定发展潜力，但发展水平取决于绿色甲醇生产成本以及基础设施的发展，如果绿色甲醇可大规模、低成本供给，甲醇将作为车用零碳燃料助力商用车行业加速实现碳中和。

（八）生物质柴油、二甲醚供给潜力评估

生物质柴油、二甲醚等新技术燃料供给存在不确定性，未来或在小范围区域内进行示范推广。生物质柴油方面，目前全球发展仍处于初级阶段，我国当前产能为 300 万 ~400 万 t，体量无法支撑起商用车减排需求，全国目前柴油消费量约 1.7 亿 t/ 年，300 万 t 占比仅有 1.76%。基于我国国情，一代生物柴油原材料以餐厨废油为主，其年产量上限只有 600 万 ~800 万 t，未来，生物柴油供给主要聚焦在大型城市、厨余废弃油丰富的城市，二代、三代生物柴油在国内的发展取决于其制取技术及能源价格。**二甲醚方面**，目前国内有关行业标准尚未制定、加注装置等配套设施缺乏，短期内难以支撑二甲醚实现规模化、产业化发展，而且，绿色二甲醚价格及产能供给主要取决于绿色甲醇，甲醇技术进步及规模化应用或许会削减原二甲醚的产能供给，二甲醚较难成为商用车碳中和的能源选择，未来或只会在小范围内进行区域性示范应用。

（九）能源供给潜力综合判断

电、氢具备大范围供给潜力，天然气、甲醇、氨主要在富能区域集中供给，生物柴油、二甲醚发展前景不明。绿电、绿氢是国家政策重点规划发展领域，在我国电力供给侧绿色低碳改革发展趋势下，可作为车用零碳能源在全国大范围推广使用；天然气主要应用于中、西部区域，且供给能力在持续加强，可作为交通领域低碳转型的过渡性燃料种类；氨易液化、体积能量密度高、储运成本低，可作为储氢载体，能否作为零碳燃料在车端大规模应用取决于绿氨能否实现大规模、低成本制取，以

及燃烧技术的发展；甲醇目前主要在华北、西北富醇区域发展，绿醇如若实现大规模、低成本供给，可作为零碳燃料在车端规模化推广应用；生物质柴油、二甲醚等新技术燃料的供给能力存在不确定性，未来可在小范围区域内进行示范推广（表3-9）。

表3-9 各类车用能源供给潜力评估

能源种类	清洁供给能力	规模供给潜力	补能便利性	供给潜力评估
天然气	通过**化石能源**制取，碳排放量低于柴油，具备**低碳属性**	供给能力**持续增强**，但优先保障民用及冬季供暖	主要集中在**中西部区域**，东部建设速度在加快；加注时间5~10min	供给能力持续增强，作为交通低碳转型的**过渡性燃料种类之一**
电	目前以火电为主，**可再生能源发电**已经成为我国清洁能源产业发展的重要战略方向，具备**零碳能源潜力**	电为能源供给体系的核心，**可大范围供给**	充换电站正**快速发展**，换电站时间5min，充电时长未来可降至0.5h以内	**可大范围供给**，中短途类场景发展前景比较明确，但长途高速类场景发展难度较高
氢	目前以化石能源制氢、工业副产氢为主，未来以**可再生能源制氢**为主，具备**零碳潜力**	氢能定位为未来国家能源体系的重要组成部分，具备**大范围供给潜力**	处于发展起步期，是**政策重点扶持领域**；加注时间5~10min	**从区域供给向大范围供给转型**，发展前景较明确
氨	目前以化石能源制氨为主，未来可通过绿氢与氮气合成制取，**具备零碳潜力**	目前氨定位为**能源载体**，能否作为燃料在车端大规模应用存在不确定性	储运体系相对完善；加注时间5~10min	可作为**储氢载体**，也有潜力发展成零碳属性燃料，发展潜力取决于绿氨供给成本及燃烧技术发展
甲醇	目前以煤制甲醇为主，未来向可再生能源制醇转型，燃烧过程产生二氧化碳，需通过碳捕集等方式实现**燃料周期零排放**	绿醇制取属于新兴领域，未来发展规模取决于制取成本能否有效降低	**以区域发展为主**，主要在山西、甘肃等华北、西北区域；加注时间5~10min	现阶段作为交通低碳转型的**过渡性燃料种类之一**，发展潜力取决于绿醇供给成本及基础设施建设
生物柴油	原料为植物油、动物油、厨余废弃油等，**燃料周期零排放**	在原材料丰富区域小批量推广，供给规模有限	**发展速度较慢**，聚焦大型城市厨余废弃油丰富区域；预计与柴油加注时间相近	**小范围供给为主**，在生物柴油丰富区域以低比例掺烧使用为主

（续）

能源种类	清洁供给能力	规模供给潜力	补能便利性	供给潜力评估
二甲醚	原料为甲醇，能否作为零碳燃料取决于绿醇发展，即可实现**燃料周期零排放**	发展基本处于**停滞状态**	发展速度较慢，以煤炭、天然气等资源禀赋丰富的区域推广为主；预计与柴油加注时间相近	供给前景不明，二甲醚研究及应用推广处于停滞状态

注：燃料加注时间为满足1000km续驶里程的补能时间。

六、技术经济性（E）评估

（一）评估思路

以柴油车辆 DPCO 为基准，对各技术路线车辆的 DPCO 进行对比分析。车辆拥有总成本包括购置成本、使用成本及二手车残值三个方面（图3-8）。购置成本包括整车成本及购置税；使用成本包括能源费用、维修保养费用、保险费、车船税。综合考虑各场景可接受的成本回收预期（表3-10），以柴油车辆拥有总成本为基准，对比评估各技术路线的成本回收期车辆拥有总成本，分析各技术路线的经济优势。

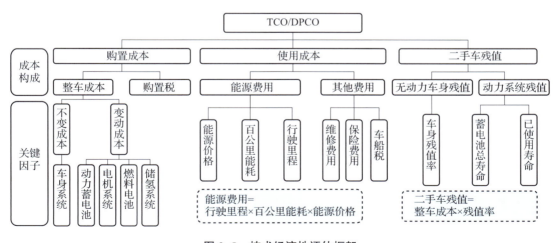

图3-8 技术经济性评估框架

表 3-10　各细分场景基础参数

细分场景	总质量	年行驶里程/万 km	成本回收期/年	细分场景	总质量/车长	年行驶里程/万 km	成本回收期/年
重型长途牵引运输	49t	25.0	1.5	中型城际物流	12t	12.5	3.0
重型中途牵引运输	49t	22.5	3.0	中型工程自卸	12t	1.0	2.5
重型短途牵引运输	49t	10.5	3.5	中型清运类	7.5t	3.0	2.0
重型中途载货运输	31t	17.3	3.0	中型清洗类	12t	1.8	2.5
重型短途载货运输	18t	9.3	2.0	轻型城市物流	4.5t	5.4	2.0
重型城建渣土运输	31t	5.0	2.0	轻型自卸	4.5t	2.5	3.0
重型公路运输	31t	7.0	2.5	轻型清障类	4.5t	0.9	3.0
重型清运类	18t	3.0	2.5	轻型高空作业类	4.5t	0.8	4.0
重型危险化学品运输	18t	6.0	2.5	微型货车	3.5t	2.3	1.0
重型混凝土运输	31t	4.0	2.5	公交	10.5m	6.0	4.0
重型起重运输类	25t	0.9	2.5	旅游团体客运	12m	10.0	3.0
重型清洗类	18t	2.7	2.5	定制客运	9m	6.0	3.0
重型清扫类	18t	2.9	3.0	校车	9.8m	3.8	3.0

（二）关键参数预测

1. 购置成本

购置成本主要由不变成本与变动成本两部分构成。假设商用车驾驶舱、底盘及其他机械零部件的价格在未来维持现有价格水平，其成本为不变成本，而动力系统

（包含内燃机、动力蓄电池、氢燃料电池、电机系统等）与车载储氢系统等关键零部件为变动成本。本节研究聚焦内燃机动力系统、动力蓄电池系统、氢燃料电池系统及车载储氢系统成本的变化趋势。

（1）内燃机动力系统购置成本

技术升级导致内燃机动力系统成本上涨。内燃机为传统能源商用车整车成本构成的主要部件之一，其中，牵引、载货、自卸等商用车的内燃机成本占整车成本的比例约30%，客车的内燃机成本占整车成本的比例为15%~25%。未来，内燃机成熟零部件的成本会随着市场规模效应进一步降低，但下一阶段排放法规及第四阶段重型商用车燃料消耗限值标准实施将推动内燃机技术优化升级，导致其生产成本上涨；另外，不同技术路线的空气系统、燃烧系统、燃油系统、后处理系统及相关附件配置不同，导致不同燃料内燃机成本存在差异；目前天然气内燃机较柴油发动机成本高2万~2.5万元，甲醇内燃机较柴油发动机成本高2.5万~5万元，纯氢内燃机在2025年技术就绪时较柴油发动机成本高1万元左右，柴氨、氢氨内燃机在2030年技术就绪时分别较柴油发动机成本高1万~4万元和1.5万~2.6万元；此外，至2030年传统混合动力商用车开始规模化应用，不同场景适用的混合动力技术路线不同，预计三电系统的应用将带来重型内燃机动力系统成本增加4万~10.5万元。以中途牵引运输场景为例，考虑缸体等成熟零部件制造成本下降，内燃机燃烧技术、热管理技术、智能控制技术、传统混合动力技术等优化与升级带来的成本增加，以及不同燃料内燃机材料及技术成本差异，各技术路线的内燃机动力系统价格预测见表3-11。

表3-11　中途牵引运输场景下的各技术路线内燃机动力系统价格预测　（单位：万元）

技术路线	2025年	2030年	2035年	2040年	2060年
柴油，13L	11.5	22.0	21~22	21~22	20~21
天然气，13L	13.5	25.0	24~25	22~23	21~22
甲醇，13L	15.0	26.0	25~26	23~24	22~23
氢氨，13L	—	23.0	22~23	21~22	20~21
氢，13L	12.5	23.0	22~23	21~22	20~21

注：数据来源于各子课题组研究成果的整理，2030年价格大幅度上涨主要来源于三电系统成本。

（2）动力蓄电池购置成本

纯电动汽车市场规模增长及电池技术升级推动购置成本下降。 2021年动力蓄电池成本约1250元/kW·h，2023年，随着锂电材料成本下降，动力蓄电池成本降至1000元/kW·h左右。未来，一方面，随着新能源汽车市场的快速发展，电池生产企业的生产规模不断扩大，实现从采购到生产、从生产到销售等全方位的成本降低；另一方面，电池技术迭代升级也将推动成本下降，如电池规格标准化推动其生产及维护成本下降，电池的"长寿命、低衰减"也将利于动力蓄电池全生命周期成本的下降。预计至2030年，电池成本将降至700元/kW·h左右，2060年降至450元/kW·h左右。以中途牵引运输场景为例，由于适用于中长途运输场景的固态电池于2030年左右技术就绪，故本书研究时间起点自2030年开始，其中电池装配电量按行驶过程中快速充电1次（使电量从20%到80%，即快速充电1次增加60%的电量）满足1000km续驶里程来匹配电量，电池购置成本变化见表3-12。

表3-12 中途牵引运输场景下的动力蓄电池购置成本预测

项目	2030年	2035年	2040年	2060年
电池成本/（元/kW·h）	700	700	650	450
电池装配电量/kW·h	964	968	951	920
电池购置成本/万元	67.4	67.8	61.8	41.4

（3）氢燃料电池系统与储氢系统成本

氢燃料电池系统及储氢系统在产业规模化应用趋势下，成本有望大幅下降。 2021年氢燃料电池系统单价约5000元/kW，储氢系统单价约6000元/kg，2023年，随着氢燃料电池车辆的累计应用规模突破万辆，以及核心零部件国产化替代趋势加快，氢燃料电池系统单价降至3500元/kW左右，储氢系统单价降至5000元/kg以内。未来，一方面关键核心零部件的国产化替代将持续降低材料成本，例如碳纸、膜电极、双极板、空气压缩机、氢泵等关键部件的国产化替代，不仅可以降低采购成本，还将大幅降低车辆使用过程中的维护成本；另一方面，随着市场需求规模增长，供应商设备投资扩大，生产线自动化程度提高，以及先进制造技术的发展和管理水平提升，氢燃料电池系统及储氢系统等相关设备的生产线投资成本和管理成本将显著降低。在国家政策大力支持及产品技术快速进步等因素推动下，2025年我国氢燃料电池汽车保有规模有望达到5万辆级，氢燃料电池系统成本将降至 2000 元 /kW 以内，2030 年，氢燃料电池汽车市场规模有望达到 10 万辆级，氢燃料电池系统成本将降至 500 元 /kW 左右；储氢系统降成本路径类似于氢燃料电池系统，另外，随着大容量储氢瓶以及 70MPa 高压气氢瓶、液氢瓶的应用，储氢系统单价在 2025 年有望降至 3000 元 /kg 左右，2030 年降至 1500 元 /kg 左右。以中途牵引运输场景为例（表 3-13），2030 年氢燃料电池系统购置成本有望降至 15 万元以内，储氢系统降至 10 万元以内。

表 3-13 中途牵引运输场景下的氢燃料电池系统与储氢系统购置成本预测

	项目	2025 年	2030 年	2035 年	2040 年	2050—2060 年
氢燃料电池系统	单价 /（元 /kW）	2000	500	400	300	200~300
	氢燃料电池功率 /kW	200	250	300	350	> 350
	购置成本 / 万元	40.0	12.5	12.0	10.5	7.0~10.5
储氢系统	单价 /（元 /kg）	3000	1500	1000	900	800~900
	储氢容量 /kg	59	64	72	72	72
	购置成本 / 万元	17.7	9.6	7.2	6.5	5.8~6.5

注：2030 年及以前为 70MPa 气态储氢技术，2030 年后为液态储氢技术。

2. 使用成本

使用成本主要由能源使用费用、保养修理费用、保险费用及车船税费用构成，其中能源使用成本贡献商用车全部使用成本的 90% 左右，本书聚焦分析能源使用成本。

（1）百公里能耗

各类技术路线商用车能耗在动力系统技术升级等因素影响下，能耗呈下降趋势。 内燃机类车辆一方面由于动力系统的燃料喷射、能量管理、余热管理等技术升级带来热效率提升，另一方面由于排放法规升级及第四阶段燃料消耗限值标准实施推动传统混合动力技术应用，2030 年百公里能耗有望在 2021 年基础上下降 25%~30%。其中，随着"缸内高压直喷柴油微引燃"等技术，以及传统混合动力技术在重型天然气内燃机商用车中的应用，2030 年百公里气耗有望在 2021 年基础上下降 35% 以上。纯电动车辆能耗随着扁线电机商业化应用、电动系统集成化发展及电池性能升级等因素的影响，预计至 2030 年百公里能耗将下降 10% 左右。氢燃料电池车辆随着系统功率提升、催化剂性能改善及系统优化等技术的发展，2030年系统额定效率有望突破60%，氢耗下降20%~25%。以中途牵引运输场景为例，以2021年技术路线的百公里能耗为基础数据，结合场景工况情况，考虑热效率提升、三电系统综合效率提升、传统混合动力技术应用等因素影响，通过动力模型模拟测算，各技术路线百公里能耗值见表3-14。

表3-14 中途牵引运输场景下的各技术路线百公里能耗趋势

技术路线		2021年能耗	2030年降幅	2040年降幅	2060年降幅
内燃机	柴油	34.5L	25%~30%	35%	40%
	天然气	33kg	35%	40%~50%	50%~60%
	甲醇	103L	25%~30%	30%~35%	35%~40%
	氢氨	113.8L	25%	30%~35%	35%~40%
	氢	11.5kg	25%	30%~35%	35%~40%
纯电动		160kW·h	10%	15%	15%~20%
氢燃料电池		10kg	20%~25%	30%~35%	40%以上

（2）能源价格

柴油价格整体呈上涨趋势，氢气价格存在较大下降空间。近几年，受经济复苏推动石油需求增加、全球主要产油国减产导致供给减少以及中东地缘政治风险加剧等因素影响，柴油价格高位运行，未来几年，随着国际局势缓和，石油供需有望平衡发展，柴油价格将呈现阶段性下降趋势，但长期来看，随着未来能源结构转型，石油需求量下降，柴油价格整体上呈现上涨趋势。由于目前可再生能源制甲醇价格较高，在经济性上无竞争优势，现阶段以化石能源转化而成的甲醇燃料为主，价格约2.8元/L，中长期来看，绿醇若实现大规模供应，供给价格有望下降至2.5元/L以内。氨目前以化石能源制氨为主，供给价格在2.5元/L左右，中长期来看，绿氨消费占比逐步成为主流，将带动氨供应价格快速下降。充电桩充电费用按照在基本电费基础上加服务费的方式收取，结合目前波谷-波峰电价变化，充电费用在0.6~1.5元/kW·h之间，中长期来看，考虑绿电消费占比提升，未来电价整体呈下降趋势。目前，车用氢气来源以煤制氢与工业副产氢为主，在氢燃料电池汽车示范城市群，氢气价格在政府财政补贴支持下，普遍低于35元/kg，而在非示范区域，氢气价格普遍高于 50 元 /kg。未来，受制氢设备国产化及批量化生产、制氢效率提升及绿电规模化应用等因素影响，氢气价格有望在 2035 年降至 25 元 /kg 左右，2040 年后将降至 20 元 /kg 以下。

（3）能源使用成本

长期来看，氢、氢氨等零碳内燃机及氢燃料电池技术路线车辆具备能源使用成本优势。以中途牵引运输场景为例，根据场景年行驶里程（22.5 万 km）、百公里能耗及能源价格，得到各技术路线车辆的一年能耗费用，如图 3-9 所示。整体来看，各技术路线能源使用成本均呈下降趋势，其中，天然气内燃机、纯电动技术路线的能耗费用已基本低于柴油车，且处于相对低位水平；甲醇内燃机能耗费用相对较高，2050 年后才能达到柴油车水平；增程式混合动力、插电式混合动力技术路线的能耗费用在 2030 年前低于柴油车，2030 年后，随着内燃机传统混合动力技术的应用及热效率的提升，能耗费用将高于柴油车；氢、氢氨内燃机及氢燃料电池技术路线牵引车的能源成本优势自 2035 年开始显现，并随着能源成本下降，使用成本优势逐步扩大。

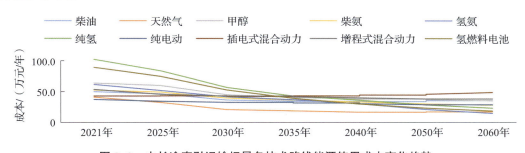

图 3-9 中长途牵引运输场景各技术路线能源使用成本变化趋势

3. 车辆残值

车辆残值可以分为动力系统残值与无动力车身残值，由于传统内燃机技术发展相对稳定，而动力蓄电池与氢燃料电池的成本、性能、寿命等关键指标随技术发展将发生较大变化，本书研究将固定场景下的传统内燃机车辆的残值率设定为只与车龄相关的恒定值，不随时间变化，而动力蓄电池和氢燃料电池车辆残值率为变化值，既与车龄相关，也与技术发展相关。

（1）内燃机商用车残值率计算方法

内燃机商用车的残值率需重点关注其报废年限净残值及使用年限内的折旧情况。

针对净残值，经调研，目前商用车平均每吨报废价格为1800元左右，经测算，商用车报废年限残值率在2%~10.5%之间，针对使用年限内的折旧情况，综合考虑不同场景车辆运营环境及使用强度，结合双倍余额递减法与平均年限法，分类别采用不同的折旧率测算方法（表3-15）。

表3-15 内燃机商用车不同场景采用不同的残值率测算方法

分类	划分依据	特点	适用场景	残值率测算方法
第一类	年行驶里程≥15万km	日均运距≥500km，出勤率高，使用强度大	中长途牵引类、载货类运输	前3年加速折旧，前3年采用双倍余额递减法，其他年采用平均年限法
第二类	5万km≤年行驶里程<15万km	日均运距在200~500km，使用强度相对较高	短途牵引运输、重型短途载货运输、重型自卸运输、重型危险化学品运输、城际物流、城市物流、旅游团体客运、定制客运	前2年加速折旧，前2年采用双倍余额递减法，其他年采用平均年限法
第三类	年行驶里程<5万km	日均运距<200km，行驶里程短，使用强度相对较低	清运、清洗、清扫类、城建渣土运输、混凝土运输、轻型自卸类、高空作业类、微型货运、校车	第1年采用双倍余额递减法，其他年采用平均年限法

以重型中途牵引运输、轻型城市物流、旅游团体客运三类场景为例，经调研，重型货车预期平均使用寿命为10年，轻型货车为13年，旅游团体客运为15年。使用5年后，重型中途牵引运输、轻型城市物流、旅游团体客运三类场景的车辆残值率分别为37.8%、47.7%、50.1%。三类场景的车型每年折旧率见表3-16。

表3-16 内燃机商用车不同使用年限残值率

场景	整备质量/t	车价/万元	使用年限							
			1年	3年	5年	7年	10年	11年	13年	15年
中途牵引运输	8.8	35.9	80.0%	51.2%	37.8%	24.5%	4.4%	—	—	—
城市物流	2.8	12.4	80.0%	58.6%	47.7%	36.8%	20.4%	15.0%	4.1%	—
旅游团体客运	13.2	61.5	80.0%	59.4%	50.1%	40.9%	27.0%	22.4%	13.1%	3.8%

（2）纯电动商用车残值率计算方法

纯电动商用车残值与各场景运输强度及电池寿命直接相关。由于电池成本占整车价值超过60%，考虑其材料技术、成本、质量密度、寿命（充放电循环次数）等关键技术发展变数较大，纯电动商用车残值计算分为无电池车身与电池两部分（图3-10），无电池车身的残值可参照内燃机车辆残值计算逻辑设定，电池残值应结合不同时间节点的场景使用强度（耗电量）与电池寿命（总放电量）综合设定。

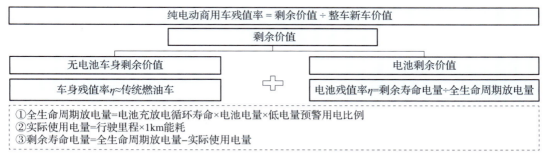

图3-10 纯电动商用车残值率计算逻辑

以中途牵引运输场景为例，与残值计算相关的参数统计见表3-17。其中，电池装配电量按快速充电1次（使电量从20%到80%，即快速充电1次增加60%的电量）满足日均运距的上限来匹配电量。由于固态电池技术于2030年左右技术就绪，故本书研究时间起点自2030年开始。

表3-17 中途牵引运输场景不同时间节点下相关参数预测

参数	2030年	2035年	2040年	2050—2060年
年行驶里程/万km		22.5		
能耗/（kW·h/km）	1.43	1.39	1.37	1.32~1.35
电池寿命/次	2000	2000	2500	4000

综合以上思路，中途牵引运输场景不同时间节点不同车龄的电动牵引车残值率计算结果见表3-18。其中，2035年前的电池寿命暂不能支撑中途牵引运输场景达到10年的运营寿命。

表 3-18　中途牵引运输场景不同时间节点不同车龄的电动牵引车残值率

使用时长	2030 年	2035 年	2040 年	2050—2060 年
1 年	83.1%	84.0%	86.3%	88%~89%
5 年	20.2%	27.5%	39.5%	55%~56%
10 年	—	—	0.5%	9.5%~10.5%

（3）氢燃料电池商用车残值率计算方法

氢燃料电池商用车辆残值计算逻辑类似于纯电动商用车。氢燃料电池商用车残值计算应分为氢燃料电池系统与无动力车身两部分（图 3-11），无动力车身残值设计可参照传统燃油汽车设定，氢燃料电池系统残值应结合不同时间节点下的场景使用强度与电池寿命综合设定。

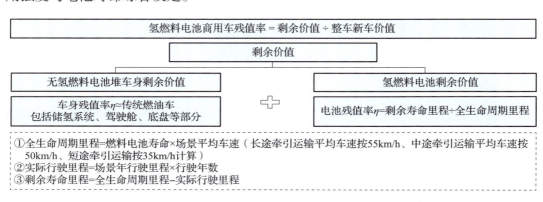

图 3-11　氢燃料电池商用车残值率计算逻辑

基于以上思路，中途牵引运输场景不同时间节点不同车龄的氢燃料电池牵引车残值率计算结果见表 3-19。其中，2035 年前的氢燃料电池系统寿命暂不能支撑中途牵引运输场景达到 10 年的运营寿命（2030 年的寿命约 9 年）。

表 3-19　中途牵引运输场景不同时间节点不同车龄的氢燃料电池牵引车残值率

使用时长	2025 年	2030 年	2035 年	2040 年	2050—2060 年
1 年	80.5%	81.1%	82.0%	82.3%	82%~83%
5 年	30.4%	35.1%	39.2%	41.4%	41%~42%
10 年	—	—	—	5.6%	6.5%~7.5%

（三）经济性结果分析

1. 各技术路线DPCO变化趋势（以中途牵引运输场景为例）

（1）内燃机技术路线

天然气牵引车经济性优势明显，氢氨、氢零碳内燃机牵引车 DPCO 在 2035—2040 年间与柴油车持平。如图 3-12 所示，随着内燃机热效率提升及传统混合动力技术应用，百公里能耗降低带动 DPCO 持续下降。其中，天然气车型由于能源成本优势，DPCO 目前已低于柴油车，未来，随着天然气供给能力增强及天然气内燃机热效率大幅提升，其能源成本优势将持续扩大；甲醇燃料热值效率较低，甲醇商用车百公里能耗是柴油车的近乎 3 倍，导致甲醇商用车 DPCO 难以与柴油车持平，甲醇商用车在甲醇供给充足的区域，且甲醇价格是柴油的 1/3 左右时，存在一定的发展潜力；由于氢氨内燃机牵引车的氨耗量是柴油的 3 倍多，氢内燃机牵引车受氢价较高影响，氢氨、氢内燃机牵引车的燃料使用成本远高于柴油，短期内难以实现经济性优势，随着内燃机技术升级及燃料成本下降，氢氨内燃机牵引车至 2035 年左右与柴油车持平，氢内燃机牵引车至 2040 年左右与柴油车持平。

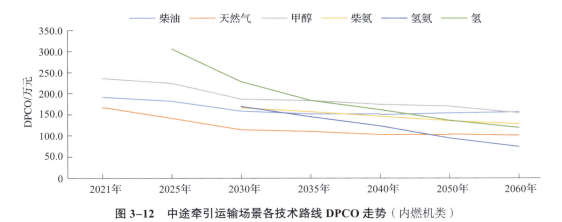

图 3-12　中途牵引运输场景各技术路线 DPCO 走势（内燃机类）

（2）新能源技术路线

长期来看，氢燃料电池牵引车在中途运输场景经济性优势最高。如图 3-13 所示，充电技术路线由于购置成本因素导致 DPCO 无法在短期内与柴油车持平；换电技术路线牵引车由于基础设施不完善以及换电租金较高（电池电量约 600kW·h），导致短期内无经济性优势，随着电池租金下降，直至 2050 年 DPCO 才能与柴油车持平；插电式混合动力、增程式混合动力牵引车在中途运输场景的能源消耗成本较高，DPCO较柴油车无优势；由于氢燃料电池牵引车目前的购置成本及用氢成本较高，短期内DPCO高于柴油车，长期来看，随着氢能产业链成本下降以及氢燃料电池系统效率提升，氢燃料电池牵引车将在2035年左右实现经济性优势，且成为中途运输场景综合使用成本最低的技术路线。

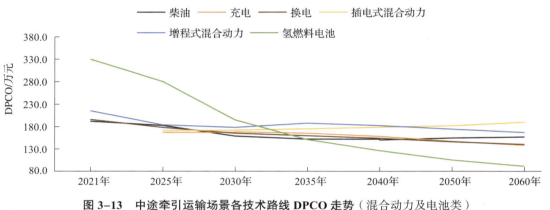

图3-13 中途牵引运输场景各技术路线DPCO走势（混合动力及电池类）

2. 各场景不同技术路线DPCO较柴油车持平时间

（1）内燃机技术路线

氢氨、氢等零碳内燃机商用车在2030—2040年间实现经济性优势。 天然气商用车相较于柴油车具备经济性优势，尤其是较高运输强度的中长途牵引运输场景，在气源供给充足且基础设施完善的区域，运营成本优势将更加明显；甲醇燃料热值效率较低，车辆百公里能耗高导致甲醇商用车DPCO难以与柴油车持平，甲醇商用车在甲醇供给充足且价格较低的区域存在一定的发展潜力；短期内，氢氨、柴氨商用车存在燃料热值效率低、百公里能耗高等问题，暂无经济优势，未来，随着内燃机热效率技术提升及氢气价格下降，DPCO有望在2035—2040年间与柴油车持平；氢内燃机商用车DPCO随着车辆购置成本（储氢系统成本）与氢气供应价格下降，以及内燃机热效率提升、混合动力技术应用带来的百公里氢耗下降，有望在2040年左右与柴油车持平，见表3-20。

（2）混合动力技术路线

传统混合动力为内燃机商用车提升经济性的重要技术途径，插电式混合动力与增程式混合动力在中短途场景具备经济性优势。 传统混合动力技术将成为内燃机商

表 3-20 各技术路线 DPCO 较柴油车持平时间

序号	使用场景	技术路线									
		内燃机（含 HEV）					插电/增程式混合动力		纯电动		燃料电池
		天然气	甲醇	柴氨	氢氨	纯氢	PHEV	REEV	充电式	换电式	氢燃料电池
1	重型长途牵引运输	√	×	2035 年	2035 年	2040 年	×	×	2050 年	2050 年	2035 年
2	重型中途牵引运输	√	2060 年	2035 年	2035 年	2040 年	×	×	2050 年	2050 年	2035 年
3	重型短途牵引运输	√	2060 年	2035 年	2035 年	2040 年	×	2050 年	√	√	2035 年
4	重型中途载货运输	√	2060 年	2040 年	2040 年	2040 年	×	×	2050 年	2050 年	2035 年
5	重型短途载货运输	2025 年	—	2040 年	2040 年	2040 年	×	√	√	√	2035 年
6	重型城建渣土运输	2025 年	×	2040 年	2035 年	2040 年	×	√	√	√	2030 年
7	重型公路运输	√	2060 年	2030 年	2030 年	2040 年	×	√	√	√	—
8	重型清运类	×	—	—	—	—	—	—	2025 年	—	—
9	重型危险化学品运输	×	—	—	—	—	—	—	√	—	2030 年
10	重型混凝土运输	2025 年	—	—	—	—	—	—	√	—	—
11	重型起重运输类	—	—	—	—	—	—	—	√	—	—
12	重型清洗类	2025 年	—	—	—	—	—	—	√	—	—
13	重型清扫类	2025 年	—	—	—	—	—	—	√	—	—
14	中型城际物流	√	—	—	—	—	√	2025 年	√	√	2035 年

（续）

序号	使用场景	技术路线 内燃机（含HEV） 天然气	甲醇	柴氨	氢氨	纯氢	插电/增程式混合动力 PHEV	REEV	纯电动 充电式	换电式	燃料电池 氢燃料电池
15	中型工程自卸	×	—	—	—	—	—	—	√	—	2035年
16	中型清运类	×	—	—	—	—	—	—	2025年	—	—
17	中型清洗类	×	—	—	—	—	—	—	2025年	—	—
18	轻型城市物流	2025年	—	—	—	—	—	√	√	√	2030年
19	轻型自卸运输	×	—	—	—	—	—	—	√	—	2030年
20	轻型清障类	—	—	—	—	—	—	—	2025年	—	—
21	轻型高空作业类	—	—	—	—	—	—	—	√	—	—
22	微型货运	—	—	—	—	—	—	—	√	—	—
23	公交	√	—	—	—	—	—	—	√	—	2030年
24	旅游团体客运	√	—	—	—	—	×	×	√	—	2035年
25	定制客运	2025年	—	—	—	—	—	—	√	—	2035年
26	校车	—	—	—	—	—	—	—	—	—	—

注：√ 表示DPCO已经持平柴油车，□ 表示DPCO持平时间在2040年前，具备经济优势潜力，× 表示DPCO至2060年无法与柴油车持平，— 表示技术路线不适用于此场景。

用车在各适用场景降低能耗、提升经济性的重要技术途径，其中，重型中途牵引运输场景采用混合动力技术后，未来最高可节能 20%；插电式混合动力商用车在中型城际物流、轻型城市物流场景较柴油车具备经济性优势，增程式混合动力商用车主要在重型短途载货运输、重型自卸类、城际及城市物流等短途运输类场景较柴油车具备经济性优势；插电式混合动力、增程式混合动力技术路线在中长途高速场景较柴油车不具备经济性优势，DPCO 难以与柴油车持平，主要应用于短途运输场景。

（3）纯电动及氢燃料电池技术路线

纯电动商用车在中短途场景具备经济性优势，氢燃料电池商用车 DPCO 在 2030—2035 年间与柴油车持平。充换电商用车在中短途场景具备经济性优势，在长途运输场景需通过装配大电量电池以满足长距离续驶里程，导致车辆购置及使用成本高，DPCO 难以与柴油车持平。随着储氢系统、氢燃料电池系统等关键零部件成本下降以及氢气供应价格下降，氢燃料电池商用车在适用场景于 2030—2035 年间与柴油车持平，2035 年后，随着氢燃料电池商用车运营规模增长，产业链成本将加速下降，其经济性优势将更加明显。

七、环境减排效益（E）评估

（一）评估思路

环境减排效益评估指对各技术路线商用车二氧化碳和污染物的减排潜力进行综合评估。

从燃料周期角度，对上游阶段（制取、储运、加注）和下游车辆运行阶段的单车碳排放量进行综合测算。其中，单车二氧化碳排放量与单车能耗及碳排放因子（每生产和消耗一单位能源所释放的二氧化碳量）强相关。碳排放因子的预测基于国际生命周期评价（Life Cycle Analysis，LCA）方法，参考美国阿贡（Argonne）国家实验室开发的 GREET（Greenhouse gases, Regulated Emissions and Energy use in Transportation）模型，通过实地调研、文献研究等方式构建了适用于我国本地化的 GREET 模型。该模型围绕能源效率、能耗清单、电力传输、货物运输等关键参数，评估各类燃料在燃料周期中的碳排放因子及其变化趋势。

污染物排放方面，考虑到所有商用车导入市场前，其污染物排放必须达到环保标准，目前，传统能源商用车的污染物排放已满足国六排放法规要求，由于我国下一阶段排放法规标准还在预研中，本书以欧洲第七阶段排放标准为基准，对各技术路线的污染物排放合规性进行定性评估。

（二）碳排放因子预测

1. 化石燃料碳排放因子

对于柴油、天然气等传统化石燃料，通过将原油开采效率、原油输送模式及距离、柴油/天然气炼化效率、柴油/天然气输配距离等参数输入GREET模型进行计算。2021年柴油在上游阶段的碳排放因子为 $0.53 kgCO_2/L$，随着未来化石能源炼制及储运效率提高，碳排放因子将逐年缓慢降低，预计2050—2060年降至 $0.39 kgCO_2/L$；在运行阶段的碳排放因子仅与其含碳量有关，本书采用固定值 $2.65 kgCO_2/L$。天然气的碳排放因子在未来一段时间内有小幅改善，上游生产阶段为 $0.25\sim0.26 kgCO_2/kg$，运行阶段为 $2.65 kgCO_2/kg$（表3-21）。

表3-21　车用燃料在燃料周期阶段的碳排放因子

燃料类型及燃料周期		2025年	2030年	2035年	2040年	2050—2060年
柴油（$kgCO_2/L$）	上游	0.50	0.47	0.44	0.42	0.39
	运营	2.65	2.65	2.65	2.65	2.65
天然气（$kgCO_2/kg$）	上游	0.26	0.26	0.26	0.25	0.25
	运营	2.65	2.65	2.65	2.65	2.65
氢（$kgCO_2/kg$）	上游	15.7	14.0	12.2	10.5	7.0~3.5
	运营	0	0	0	0	0
电力（$kgCO_2/kW\cdot h$）	上游	0.5	0.44	0.35	0.2	0.07~0.05
	运营	0	0	0	0	0
氨（$kgCO_2/kg$）	上游	3.2	2.8	2.5	2.1	1.4~0.7
	运营	0	0	0	0	0

（续）

燃料类型及燃料周期		2025年	2030年	2035年	2040年	2050—2060年
甲醇 ($kgCO_2/kg$)	上游	2.6	2.6	2.4	1.7	0.9~0
	运营	1.4	1.4	1.4	1.4	1.4

2. 电能碳排放因子

电能的碳排放因子与电力结构直接相关，绿电供应量的增长将降低碳排放因子。如图3-14所示，2021年我国绿电供应量占比约35%，未来，风力发电、光伏发电等可再生能源发电装机量将持续呈高增长态势，预计2060年绿电的供应比例将提升至94%左右。2021年电力的排放因子为 $0.60kgCO_2/kW·h$，至2030年下降至 $0.44kgCO_2/kW·h$，2035年继续下降至 $0.35kgCO_2/kW·h$，2050、2060年分别为0.07、$0.05kgCO_2/kW·h$，最终的降幅超90%（表3-21）。本书中，风力发电、光伏发电、水力发电等清洁能源的电能碳排放因子为0。

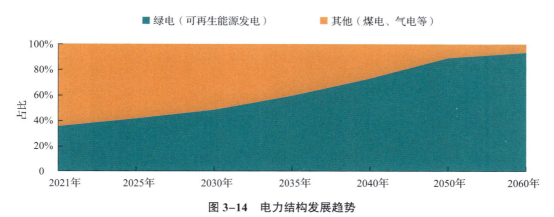

图3-14 电力结构发展趋势

3. 氢能碳排放因子

氢能的碳排放因子与氢气的制取方式直接相关。如图3-15所示，目前，煤气化制氢、工业副产氢、天然气制氢是氢气供应的主要组成部分，而通过绿电进行电解水制氢是未来的主要发展方向，目前电解水制氢的电耗约 $50~55kW·h/kgH_2$。2021年，我国煤制氢、工业副产氢和天然气制氢分别占比63.6%、21.2%、13.8%，电解水制氢占比约1%，预计到2040年和2060年，绿电电解水制氢占比将分别提升至

40%、80%，氢气的碳排放因子将逐步由当前的 17.3kgCO$_2$/kgH$_2$ 下降至 2040 年的 10.5kgCO$_2$/kgH$_2$，再下降至 2060 年的 3.5kgCO$_2$/kgH$_2$（表 3-21）。

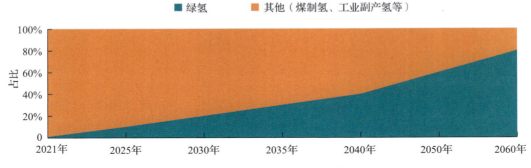

图 3-15　氢能结构发展趋势

4.氨碳排放因子

氨的碳排放因子与其制取方式直接相关。氨的制取方式包括煤制氨、天然气制氨和绿氨（绿电电解水制取的氢气与空气中捕集的氮气合成生产的氨）。绿氨制取与绿氢供应强相关，假设氨气制取来源结构与氢气一致，预计到 2040 年和 2060 年我国氨的碳排放因子将逐步由当前的 3.5kgCO$_2$/kgNH$_3$ 分别下降至 2.1kgCO$_2$/kgNH$_3$ 和 0.7kgCO$_2$/kgNH$_3$（表 3-21）。

5. 甲醇碳排放因子

甲醇根据其制取原料不同分为煤制甲醇、天然气制甲醇、绿醇等，绿醇通过空气中捕集的二氧化碳与电解水产生的氢气，合成甲醇燃料。如图 3-16 所示，2021 年煤制甲醇、天然气制甲醇、绿醇的比例分别为 80%、20% 和 0%，预计到 2040

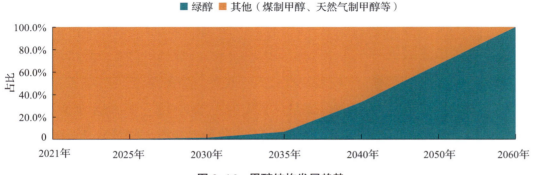

图 3-16　甲醇结构发展趋势

年和 2060 年，绿醇比例将分别提升至 33%、100%，据测算，到 2040 年和 2060 年，甲醇的碳排放因子将逐步由当前的 2.6kgCO$_2$/kgMeOH 分别下降至 1.7kgCO$_2$/kgMeOH 和 0.9kgCO$_2$/kgMeOH（表 3-21）。

（三）碳排放量对比分析

纯电动商用车在燃料周期内的环境减碳效益最优。燃料周期内的商用车碳排放量与能耗及各燃料碳排放因子强相关，随着各技术路线车辆的能耗与碳排放因子不断下降，各场景中的各技术路线商用车在燃料周期内的碳排放量均呈下降趋势，但下降幅度不同。考虑到 2035 年各场景适用的技术路线均已技术就绪，以中途牵引运输场景在 2035 年的燃料周期内的碳排放量测算结果为例，如图 3-17 所示，甲醇内燃机商用车在燃料周期内的单车碳排放量最高，上游阶段与下游阶段的碳排放量分别为 1.6kg/km、0.9kg/km。氢氨内燃机燃料周期单车碳排放量仅次于甲醇内燃机，其上游阶段碳排放量远高于其他技术路线。柴油内燃机燃料周期单车碳排放量为 0.7kg/km，是天然气内燃机的 1.3 倍、甲醇内燃机的 0.3 倍、氢氨内燃机的 0.4 倍、氢内燃机的 0.7 倍、纯电动车辆的 1.5 倍，与插电式混合动力、增程式混合动力及氢燃料电池车辆相近，纯电动车辆在燃料周期内的单车碳排放量低于其他能源技术路线。从 2035 年各技术路线在适用场景的燃料周期单车碳排放量排名来看（表 3-22），新能源技术路线中，纯电动（含充电式与换电式）商用车环境减碳效益最优；内燃机技术路线中，节能增效后的柴油、天然气内燃机单车碳排放量最低，低碳、零碳燃料内燃机中，氢内燃机单车碳排放量最低。

图 3-17　2035 年中途牵引运输场景不同技术路线单车碳排放量

表 3-22 2035 年不同技术路线商用车燃料周期单车碳排放量排名

序号	使用场景	技术路线										
		内燃机（含 HEV）						插电/增程式混合动力		纯电动		燃料电池
		柴油	天然气	甲醇	柴氨	氢氨	纯氢	PHEV	REEV	充电式	换电式	氢燃料电池
1	重型长途牵引运输	4	2	10	8	9	7	6	3	1	1	5
2	重型中途牵引运输	5	2	10	8	9	7	4	3	1	1	6
3	重型短途牵引运输	3	4	10	8	9	7	5	2	1	1	6
4	重型中途载货运输	3	2	10	8	9	7	5	4	1	1	6
5	重型短途载货运输	4	5	—	8	9	7	3	1	2	2	6
6	重型城建渣土运输	6	4	10	8	9	7	5	2	2	2	3
7	重型公路运输	6	4	10	8	9	7	5	—	1	1	3
8	重型清运类	3	2	—	—	—	—	—	—	1	—	—
9	重型危险化学品运输	1	2	—	—	—	—	—	—	—	—	—
10	重型混凝土运输	2	3	—	—	—	—	—	—	1	—	4
11	重型起重运输类	2	—	—	—	—	—	—	—	1	—	—
12	重型清洗类	3	2	—	—	—	—	—	—	1	—	—

13	重型清扫类	3	2	—	—	—	1	—	—
14	中型城际物流	3	4	—	—	5	1	1	6
15	中型工程自卸	2	3	—	—	—	1	—	4
16	中型清运类	3	2	—	—	—	1	—	—
17	中型清洗类	3	2	—	—	—	1	—	—
18	轻型城市物流	6	4	—	—	3	2	2	5
19	轻型自卸运输	4	3	—	—	—	1	—	2
20	轻型清障类	2	—	—	—	—	1	—	—
21	轻型高空作业类	2	—	—	—	—	1	—	—
22	微型货运	2	2	—	—	—	1	—	—
23	公交	2	1	—	—	—	1	—	3
24	旅游团体客运	2	3	—	—	4	1	—	6
25	定制客运	2	3	—	—	5	1	—	4
26	校车	1	—	—	—	—	1	—	—

注：数字表示燃料周期单车碳排放水平，"1"表示燃料周期碳排放量最低，"10"表示燃料周期碳排放量最高；一表示技术路线不适用于此场景。

（四）减碳降污协同技术分析

商用车的排放要求越加严格驱动减排技术持续提升。商用车的二氧化碳及污染物排放测试方式从台架排放测试逐渐转向整车实际道路排放测试，日益严格的排放法规，促进着燃料的多元化与动力系统的电气化发展。目前，我国国六排放法规与欧洲第六阶段（欧六）排放法规的技术路线基本一致，普遍采用"Cooled（冷）EGR（排气再循环）+SCR（选择性催化还原）"及"高效SCR"两种技术路线。天然气发动机国内外主要采用"当量空燃比+EGR+TWC（三元催化）"的主流技术路线。针对低负荷、高原等特殊场景的极端工况，插电式混合动力与增程式混合动力可以协调发动机与整车使用场景解耦，可以有效地降低极端工况下的污染物排放。

减碳降污效果受技术及其带来的成本增加影响。内燃机减碳降污需要从发动机热管理技术、发动机原排控制技术以及后处理系统优化等方面实现。降低氮氧化物的同时进一步协同 CO_2 排放的降低，会进一步增加成本和开发难度，并且减碳降污效果受不同技术组合合力及其经济成本等影响（表3-23），需要在减碳降污目标明确后，对不同技术组合进行选择和优化。

表3-23 发动机减碳降污相关技术效果分析

技术类型	名称	冷态 NO_x 排放	热态 NO_x 排放	N_2O 排放	PN 排放	成本影响	油耗影响
热管理技术	VVT	+	+	无影响	无影响	无影响	+
	E-WG	–	–	无影响	无影响	无影响	+
	VGT	+	+	无影响	无影响	–	无影响
	CDA	–	–	无影响	无影响	– –	+
发动机原排控制技术	冷-EGR	+	+	+	+	–	+
	热-EGR	+	无影响	无影响	无影响	–	无影响
后处理系统优化	双级SCR带HC喷射	++	++	++	++	– –	无影响

（续）

技术类型	名称	冷态 NO_x 排放	热态 NO_x 排放	N_2O 排放	PN 排放	成本影响	油耗影响
后处理系统优化	双级 SCR 不带 HC 喷射	++	++	++	++	–	无影响
	单级 SCR（铜基/铁基）	无影响	无影响	+	无影响	无影响	无影响
	后处理加热器	+	+	无影响	无影响	--	+

注：VVT 是可变气门正时。E-WG 是电子废气旁通。VGT 是可变几何涡轮增压。CDA 是停缸技术。"+"代表改善程度，"–"代表恶化程度。资料来源于《重型商用车污染物与碳排放规律分析及协同控制技术研究》。

八、技术路线发展潜力综合评估

（一）各技术路线可行性评估

1. 内燃机商用车

由于二甲醚内燃机的技术研究和产业发展基本处于停滞状态，能源供给基础设施缺乏，二甲醚内燃机技术路线暂不具备规模化发展的潜力；生物柴油内燃机商用车受燃料供给不足影响，未来将主要在生物柴油丰富区域以低比例掺烧方式发展；甲醇内燃机商用车在富能区域已市场化，从全国来看，甲醇内燃机商用车较柴油商用车暂不具备经济性优势，未来将在甲醇资源丰富且供给价格较低的区域具备发展潜力；天然气内燃机商用车以中部、西部富气区域集中应用为主，未来随着天然气供给能力增强，可作为商用车低碳转型的重要过渡性技术路线；氢氨内燃机及柴氨内燃机商用车于 2030 年后在氨资源丰富且价格有优势的区域推广为主；氢内燃机商用车的综合使用成本与氢气价格强相关，根据氢价走势与氢内燃机商用车 DPCO 的模拟曲线，当 2030 年氢气价格为 30 元 /kg 时，氢内燃机商用车于 2040 年左右较柴油商用车有经济性优势，当 2030 年氢气价格低于 20 元 /kg 时，氢内燃机商用车于 2025—2030 年较柴油商用车有经济优势，未来随着国内加氢站基础设施的持续完善，氢内燃机商用车有望适度提前导入。

2. 混合动力商用车

传统混合动力技术与内燃机融合发展是商用车节能减碳的重要技术路径，尤其是在重型长途牵引运输、重型中途牵引运输等能耗下降难度较大的重型中长途运输场景；插电式混合动力、增程式混合动力商用车在中型城际物流、轻型城市物流等短途类运输场景更具发展潜力。

3. 纯电动商用车

充电式商用车在中短途场景已实现技术就绪与经济性优势，未来在电池能量密度大幅提升及超级快速充电网络建设完善的前提下，在长途运输场景也存在一定的发展潜力；换电技术路线主要应用于短途高频、对运输时效有较高要求的场景，未来在路线或货源固定的中长途场景也将逐步推广应用。

4. 氢燃料电池商用车

氢燃料电池商用车在其适用场景中于 2030—2035 年实现经济性优势。2035 年前，主要在示范城市群的牵引车短驳、城建渣土运输、城市公交等中短途场景推广应用，2035 年后，在中长途干线运输、高载重运输等场景逐步实现批量化应用。

（二）各技术路线竞争力评估

内燃机商用车以传统燃料内燃机节能低碳发展为主，零碳燃料内燃机优先发展氢内燃机。

从技术成熟度看，综合考虑各燃料内燃机商用车的技术就绪时间及发动机热效率，优先发展柴油内燃机节能高效化，推动传统混合动力技术发展，零碳燃料内燃机优先发展氢内燃机。**从技术经济性看**，各内燃机技术路线的车辆在 2030 年的 DPCO，天然气汽车最低，柴油汽车次之，之后依次是柴氨、氢氨、氢及甲醇汽车，甲醇内燃机综合成本最高，建议优先发展节能低碳化的天然气、柴油内燃机商用车。**从环境减碳效益来看**，甲醇在燃料周期内的单车碳排放量最高，其次是氢氨内燃机、氢内燃机，天然气单位燃料碳排放量最低，建议优先发展节能低碳化的天然气及柴油内燃机，零碳燃料内燃机优先发展氢内燃机。

综合来看，内燃机技术路线中，优先推进传统燃料内燃机商用车的节能高效发展。氢内燃机商用车由于氢价及车载储氢成本高，其经济性优势略弱于氢氨内燃机商用车，但氢内燃机与氢燃料电池商用车在氢能供给方面更具协同效应，在基础设施使用便利性方面优于氢氨内燃机商用车，因此，零碳燃料内燃机可优先发展氢内燃机。氢氨内燃机、甲醇内燃机商用车在富能且具备价格优势的区域集中发展。

传统混合动力为商用车节能减碳的主要技术途径，增程式混合动力集中于中型、轻型物流场景发展。

从技术成熟度看，增程式混合动力、插电式混合动力商用车的节能优势主要体现在轻型物流场景，在重型货运与客车场景的节能率较低。**从技术经济性看**，在中型、轻型物流场景，增程式混合动力、插电式混合动力较传统混合动力具备经济性优势，其中，增程式混合动力优于插电式混合动力；在重型货运场景，插电式混合动力、增程式混合动力的 DPCO 高于传统混合动力。**从环境减碳效益看**，增程式混合动力商用车单车碳排放最低，传统混合动力次之，插电式混合动力最高。

综合来看，传统混合动力技术与内燃机融合发展是商用车节能减碳的重要技术路径；其中，在中型、轻型物流场景，增程式混合动力商用车的节能率及经济性优于插电式混合动力，将作为商用车全里程电动化的过渡性技术路线集中在 2035 年前发展。

短途场景优先发展充电技术路线，中长途场景优先发展氢燃料电池技术路线。

从技术成熟度看，纯电动商用车的三电综合效率高于氢燃料电池商用车，氢燃料电池商用车在续驶能力、补能效率及载货率方面更具优势。**从技术经济性看**，在短途场景，2035 年前，充电式商用车优于换电式及氢燃料电池商用车，在中长途场景，2035 年后，氢燃料电池商用车较纯电动商用车更具经济优势。**从环境减碳效益看**，纯电动商用车燃料周期单车碳排放量低于氢燃料电池商用车（表 3–24）。

综合来看，在短途运输场景，优先发展充电技术路线，换电商用车主要在固定线路的高频运输场景发展，燃料电池商用车在 2035 年后结合场景需求及资源禀赋与纯电动商用车互补发展；在中长途运输场景，氢燃料电池商用车具备续驶里程长、

表 3-24 商用车各技术路线竞争力综合评估

评估维度	内燃机（含HEV）					插电/增程式混合动力		纯电动		燃料电池
	二甲醚	生物柴油	甲醇	氢氨/柴氨	氢	PHEV	REEV	充电	换电	氢燃料电池
政策法规（P）	—	财政支持	区域推广	—	—	财政支持	财政支持	路权优势、示范运营等		政策引导
场景适用性（S）	重型牵引/载货运输 重型自卸	短途牵引运输 城际物流		重型牵引/载货运输 重型自卸	—	中重型货运 轻微型货运 旅游团体 客运	中重型货运 轻微型货运 旅游团体 客运	适用所有场景（校车等法规限制的场景除外）	重型货运 城际物流 城市物流	重型货运 城际物流 城市物流 客运场景
技术就绪时间（T）	基本停滞状态	已就绪	已就绪	2030年	2025年	已就绪	已就绪	短途已就绪 2035年长途就绪	短途已就绪 2025年长途就绪	短途已就绪 2025年长途就绪
能源供给潜力（E）	基础设施缺乏	产量有限	目前以区域发展为主，绿醇价格高	暂无成体系的能源供给网络	国家重点扶持方向	可加油可补电	可加油可补电	短途已基本满足需求 中长途需进一步完善		国家重点扶持方向
与柴油汽车DPCO持平时间（E）	—	—	2060年	2030—2040年	2040年	短途场景已持平 长途场景至2060年无法持平	短途场景已持平，重型中长途场景至2060年无法持平	中短途场景已持平，长途场景2050年持平		2030—2035年
环境减碳效益（E）（燃料周期年度碳排放量排名[升序]）	—	—	10	9~8	7	6	5	1~2	1~2	3~5
可行性综合评估	暂不具备规模化发展的潜力	在生物柴油丰富区域以低比例掺烧方式发展为主	绿醇重型货车商用车具备经济性优势，在富醇区域具备发展潜力	2030年后在氢氨资源丰富且价格有优势的区域推广为主	在富氢区域推广为主，随着国内加氢站基础设施的持续完善，有望提前适度提前导入	商用车低碳转型的过渡性技术路线，以富气区域集中应用为主	电动化的过渡性技术路线，在轻型短途类运输场景更具发展潜力	是主要的零碳技术路线，在中短型短途类运输场景更具竞争力	高频、固定线路场景的主要零碳技术路线	中长途场景的主要零碳技术路线，2035年开始规模化应用

补能效率高、自重轻等优势，运输效率高于纯电动商用车，是中长途运输场景主要发展的新能源技术路线。

（三）对关键技术路径的基本判断

内燃机节能低碳是近中期重要的技术创新方向。未来10~15年内，传统能源内燃机仍将是商用车的重要技术路线，热效率提升与混合动力技术应用是内燃机的主要发展方向。批量生产柴油内燃机热效率将在2030年突破50%，未来最高可以达到55%，天然气、甲醇内燃机热效率逐步趋向于柴油内燃机水平；2025年后传统混合动力技术开始普及，结合热效率提升及整车节能技术发展，预计能耗在2030年较2021年实现30%左右降幅，中长期达到40%以上的降幅。

零碳燃料技术创新将进一步挖掘内燃机的脱碳潜力。目前，国内外多家商用车及内燃机企业入局氢、氢氨等零碳燃料内燃机赛道，加速推动内燃机行业零碳转型。氢内燃机2025年左右实现量产，技术就绪时的热效率为43%~45%，预计未来可提升至50%以上；氢氨内燃机2030年左右实现量产，技术就绪时热效率达到47%以上，未来可提升至柴油内燃机水平。零碳燃料内燃机具备零碳排放、购置成本低、可靠性高等优势，不仅是重型货车短中期脱碳的技术路径之一，且有望长期与新能源技术路线并存发展。

技术迭代升级支撑纯电动商用车应用场景拓展。纯电动是商用车实现零碳转型的主要技术路线之一，目前主要应用于牵引车短驳、城建渣土运输、公交等公共领域及中短途场景。2030年电池能量密度将达到240W·h/kg，中长期将提升至400W·h/kg，能量密度的提升支撑大电量电池在重型货车中的应用；三电效率提升带动电耗持续下降，2030年电耗较2021年下降10%左右；2030年兆瓦级快速充电技术实现应用，充电倍率达到2C，大幅提升补能效率；另外，受电池生产工艺升级、电池材料优化、技术路线迭代等因素影响，电池寿命也将大幅提升。中长期来看，续驶里程增加、补能效率提升、使用寿命延长是纯电动商用车技术发展的主要趋势，将助力其应用场景由中短途向中长途领域拓展，渗透率也将不断提升。

降本提质和氢能供给协同推进氢燃料电池商用车规模化发展。目前，氢燃料电池商用车以示范城市群的示范推广为主，面临关键核心技术待提升、综合成本高、氢能供给网络不完善等发展痛点。2030年氢燃料电池系统额定功率达到250kW（批量生产状态），寿命提升至3万h，成本降至500元/kW左右；2025年高压储氢技术开始应用，成本降至3000元/kg，2030年液氢技术开始普及，成本降至1500元/kg。受制氢设备国产化、制氢效率提升及绿电规模化应用等因素影响，2035年氢气供应价格将降至25元/kg左右，综合使用成本达到柴油商用车的水平。通过发展大功率、长寿命氢燃料电池堆及高密度储氢系统，降低氢能产业链成本，完善绿氢供应网络是实现其产业化发展的关键途径。

发展整车节能技术将进一步提升商用车节能率水平。降阻、传动系统优化、轻量化、发展智能网联技术是提升整车节能技术水平的主要途径。**降阻方面**，通过优化驾驶舱造型、优化轮胎材料及结构等方式，2030年风阻系数降至0.45~0.5，滚动阻力系数降至0.175~0.018。**传动系统优化方面**，内燃机商用车发展机电耦合变速器的混合动力系统，新能源商用车不断提高电驱动及传统总成的集成化程度，2030年传统效率提升1.0%~1.5%。**轻量化方面**，提高驾驶舱及底盘轻量化材料应用比例，采用模块化与集成化设计，降低整车整备质量；**智能网联技术方面**，逐步实现智能网联汽车与智慧能源、智能交通、智慧城市的深度融合发展，应用场景从封闭园区向高速公路及全场景逐步拓展，2030年通过智能网联技术实现整车能耗下降3%~5%。

九、技术渗透率及碳排放量预测

（一）技术渗透率预测

1. 商用车技术路线发展趋势

如图3-18所示，2030年前，商用车以传统燃料内燃机节能低碳为主，新能源商用车逐步渗透；2030年后，新能源商用车将快速发展，最终形成以新能源商用车为主，零碳燃料内燃机在富能区域发展、传统燃料内燃机少量存在的发展格局。其中，新能源商用车渗透率预计在2025年突破15%，至2030年达到30%左右，2035年、2040年分别提升至55%和75%左右。

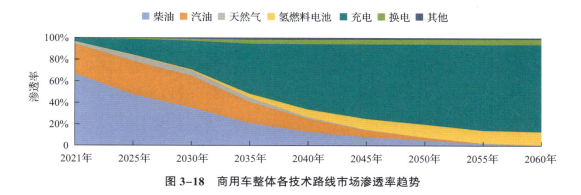

图 3-18　商用车整体各技术路线市场渗透率趋势

从细分技术路线发展来看,充电技术路线主要应用于牵引车短途运输、城建渣土运输、市政环卫、城市物流及微型货运等中短途运输场景,随着电池成本下降、性能提升以及超快速充电技术发展,未来在中长途运输场景也将实现一定发展,2025 年市场渗透率约 14%,2030 年突破 26%,2035 年超过 45%,成为商用车市场应用规模最大的技术路线。换电技术路线主要应用于短途高频、对运输时效有较高要求的场景,未来在路线或货源固定的中长途运输场景也将逐步推广应用,2025 年市场渗透率约 1%,2030 年发展至 2%,整体市场需求规模相对稳定。氢燃料电池技术路线在短期内主要应用于示范城市群的中短途运输场景,未来将主要应用于牵引车及载货车的中长途运输场景,2030 年市场渗透率约 1%,2040 年达到 7% 左右,长期发展至 15% 左右。另外,增程式混合动力、氢氨 / 氢内燃机技术路线分别在轻型城市物流、重型中长途运输场景实现一定发展,与纯电动、氢燃料电池技术路线并存发展,互为补充。

2. 重型货车技术路线发展趋势

如图 3-19 所示,2035 年以前,重型货车以传统燃料内燃机节能低碳为主、纯电动技术路线为辅发展;2035 年以后,逐步形成以氢燃料电池及纯电动技术路线为主、零碳燃料内燃机为辅,传统燃料内燃机少量存在的发展格局。其中,新能源渗透率预计在 2025 年提升至 9%,至 2030 年提升至约 25%,2035 年、2040 年分别提升至 45% 和 65% 左右。

从细分技术路线来看,天然气内燃机作为商用车低碳转型的过渡性技术路线,2030 年前市场渗透率维持在 15%~20% 之间,随着新能源市场发展,渗透率将逐步下降。纯电动技术路线主要应用于牵引车短途运输、自卸类及专用类运输场景,由

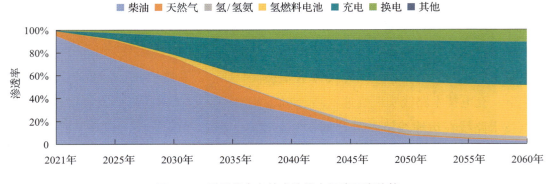

图 3-19 重型货车各技术路线市场渗透率趋势

于换电技术路线对场景运输强度及车队规模有较高要求，其市场渗透率低于充电技术路线，2025 年充电、换电技术路线市场渗透率分别为 6%、3%，2030 年升至 17%、5%。氢燃料电池车辆 DPCO 在 2030—2035 年间与柴油车持平，随着车辆购置成本及氢价不断下降，其经济性优势持续扩大，在 2045 年渗透率达到 35%，成为重型货车市场应用规模最大的技术路线。氢氨、氢等零碳内燃机汽车辆在短期内受车辆购置成本及燃料成本高、基础设施不完善等因素影响，难以实现市场突破，2035 年后在中长途场景开始实现一定规模发展，渗透率在 3% 左右；另外，在基础设施建设相对滞后的西部偏远山区与部分特定工况的专用车作业场景，运营阶段未实现 100% 零碳化，将保留部分传统能源车辆。

3. 中型货车技术路线发展趋势

如图 3-20 所示，未来中型货车以充电为主，换电、氢燃料电池技术路线为辅

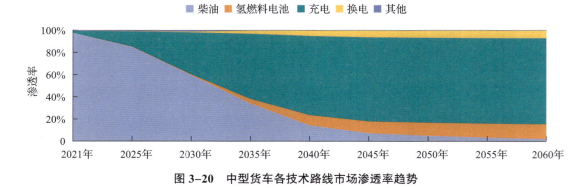

图 3-20 中型货车各技术路线市场渗透率趋势

发展。新能源渗透率预计在 2025 年达到 15%，至 2030 年约达 40%，2035 年、2040 年分别提升至 65%、85% 以上。

从细分技术路线来看，中型货车以中短途物流配送及市政环卫类专用作业为主，运输强度相对较低，在城市路权优势引导及政府推进公共领域用车新能源化等因素影响下，充电技术路线实现快速发展，2025 年渗透率达到 14%，2040 年突破 70%。换电技术路线在运输线路固定且时效要求较高的场景存在需求，2030 年渗透率约 1%，2040 年达到 5% 左右。氢燃料电池技术路线在 2035 年实现市场突破，渗透率约 4%，在购置与使用成本下降以及基础设施不断完善等因素作用下，未来渗透率有望突破 10%。

4. 轻微型货车技术路线发展趋势

如图 3-21 所示，轻微型货车未来以充电技术路线为主，氢燃料电池、换电、增程式混合动力等技术路线为补充发展。新能源渗透率预计在 2025 年超过 15%，至 2030 年约达 30%，2035 年、2040 年分别提升至 55%、75% 以上。

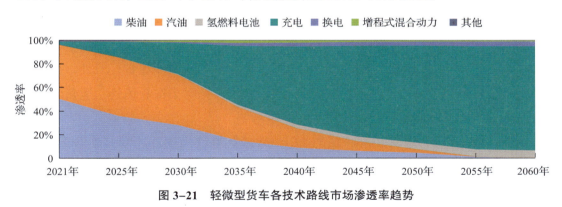

图 3-21　轻微型货车各技术路线市场渗透率趋势

从细分技术路线来看，轻微型货车以城市及城镇物流配送为主，运输距离短且对时效要求不高，技术路线需求以充电为主，在 2025 年渗透率约 14%，2030 年达到 25%，至 2035 年、2040 年将分别提升至 50%、65% 以上。换电技术路线在运输强度相对较大、有里程焦虑的场景存在需求，未来渗透率在 3% 左右。增程式混合动力商用车在单程运距相对较长、对续驶里程要求较高（如冷链运输）的场景存在一定的市场需求。氢燃料电池技术路线在基础设施充足区域也将实现一定规模的发展，2035 年渗透率突破 1%，2050 年稳步提升至 5% 左右。

5. 客车技术路线发展趋势

如图 3-22 所示，客车未来以充电技术路线为主，氢燃料电池技术路线为补充发展。新能源渗透率预计在 2025 年突破 70%，至 2030 年达到 75%，2035 年、2040 年分别提升至 85%、90% 以上。

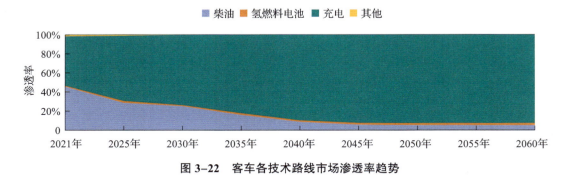

图 3-22　客车各技术路线市场渗透率趋势

从细分技术路线来看，客车以城市公交、旅游团体客运、城际客运及校车场景为主，行驶区域及线路相对固定，技术路线需求以充电为主，2022 年渗透率已超过 60%，预计 2025 年升至 70%，2040 年左右达到 90%。氢燃料电池技术路线主要应用于氢能示范城市群的城市公交场景与城际客运场景，渗透率在 2% 左右，形成对纯电动客车市场的有效补充。

6. 典型场景技术路线发展趋势

根据用户特征与运输工况特征对 26 个细分场景进行聚类，划分为 8 类场景，同一类别场景的碳中和技术路径存在相似性。各典型场景的技术路线渗透率趋势见表 3-25。

中长途公路运输类场景未来将形成以氢燃料电池为主、纯电动为辅、零碳燃料内燃机为补充的技术发展路径。 客户对车辆的续驶能力与时效性要求较高，考虑新能源产品的技术就绪时间及基础设施建设进程相对短途场景较晚，2030 年前以城际或相邻省份间的固定线路场景开展小规模示范运营为主。氢燃料电池技术路线车辆 DPCO 在 2035 年前与柴油车持平，其续驶能力、补能效率及货物装载能力均优于纯电动技术路线，且随着氢气供给价格及车辆关键零部件成本不断下降，市场竞争力将持续增强，预计 2035 左右渗透率将突破 15%，并快速发展成为市场主要技术路线。另外，2035 年后，纯电动商用车在固定线路的轻抛货运场景将实

第三部分　碳中和技术路径可行性评估

表 3-25　各类场景技术路线市场渗透率趋势

场景	2025 年	2030 年	2035 年	2040 年	2050 年	2060 年
中长途公路运输类（重型长途牵引运输、重型中途牵引运输、重型中途载货运输）	NEV < 1%	FCEV: 2%	FCEV: 15% BEV: 1% 零碳内燃机: 1%	FCEV: 40% BEV: 2% 零碳内燃机: 2%	FCEV: 70% BEV: 5% 零碳燃料内燃机: 5%	FCEV > 80% BEV: 10% 零碳内燃机: 5%
以车队客户为主，未来将形成以氢燃料电池为主，纯电动为辅、零碳燃料内燃机为补充的技术路径						
短途牵引运输	FCEV: 7% BEV: 60%	FCEV: 10% BEV: 70%	FCEV: 12% BEV: 80%		FCEV: 15% BEV: 80%	
以钢厂、电厂的物流车队客户为主，未来将形成以纯电动为主，氢燃料电池为辅的技术路径						
中短途载货运输类（重型短途载货运输、中型城际物流）	FCEV < 1% BEV: 4%	FCEV < 1% BEV: 10%	FCEV: 5% BEV: 40% 零碳内燃机: 1%	FCEV: 10% BEV: 50% 零碳内燃机: 1%	FCEV: 30% BEV > 50% 零碳内燃机: 3%	
以个人散户为主，运输区域、线路不固定，新能源化进程相对缓慢；未来将形成以纯电动为主、氢燃料电池为辅的技术路径						
工程自卸类（城建渣土运输、水泥搅拌运输、公路自卸等）	FCEV: 1% BEV: 15%	FCEV: 2% BEV: 40%	FCEV: 10% BEV > 70% 零碳内燃机: 1%	FCEV: 20% BEV > 75% 零碳内燃机: 1%	FCEV: 25% BEV > 70% 零碳燃料电池为辅: 1%	
以车队客户为主，运输区域固定，新能源化进程快，未来将形成以纯电动为主，氢燃料电池为辅、零碳燃料内燃机为补充的技术路径						

（续）

场景	2025 年	2030 年	2035 年	2040 年	2050 年	2060 年
市政环卫类（垃圾清运、道路清扫等）	BEV: 20%	BEV: 70%	BEV: 90%	以车队客户为主，城市公共领域用车，新能源化进程快，充电为主	BEV > 90%	
城市配送物流类（城市物流、微型货运）	FCEV < 1% BEV: 15% REEV: 1%	FCEV: 1% BEV: 30% REEV: 5%	FCEV: 3% BEV > 50% REEV: 5%	FCEV: 5% BEV: 75% REEV: 2%		FCEV: 5% BEV > 90% REEV < 1%
	以个人散户为主，车队客户为辅，未来形成以纯电动为主，氢燃料电池、增程式混合动力为补充的技术路径					
客运类（城市公交、定制客运等）	FCEV: 1% BEV: 50%	FCEV: 5% BEV: 60%	FCEV: 10% BEV: 75%		FCEV: 10% BEV > 80%	
	以公交公司、客运公司的组织客户为主，新能源化进程快；未来将形成以纯电动为主，氢燃料电池为辅的技术路径，FCEV 主要应用于城际客运场景					
其他专业用途类（清障车、高空作业、起重运输车等）	NEV < 1%	NEV: 10%	NEV: 25%	NEV: 50%	NEV > 70%	NEV > 80%
	应急救援或特殊工况作业车，运输路线及区域不固定，新能源化进程相对缓慢					

注：技术渗透率 ≤ 5% 的为补充技术路线；5% < 技术渗透率 < 40% 的为辅助技术路线，技术渗透率 ≥ 40% 的为主要技术路线。

现一定规模应用，零碳燃料内燃机将在富能区域集中发展，形成对氢燃料电池商用车的有效补充。

短途牵引运输场景未来将形成以纯电动为主、氢燃料电池为辅的技术发展路径。客户群体以钢厂、电厂等排污减碳重点治理行业的物流车队为主，客户集中化程度高，且运输区域相对固定，新能源化进程较快，2022年渗透率约61%，预计2030年将突破80%，其中，充换电技术路线各占35%左右，氢燃料电池牵引车在示范区推广政策大力支持下，渗透率达到10%左右。

中短途载货运输类场景未来将形成以纯电动为主、氢燃料电池为辅、零碳燃料内燃机为补充的技术路径。客户群体相对分散，运输区域及路线不固定，新能源化进程相对缓慢，在基础设施网络建设完善及新能源车辆具备明显成本优势后，开始实现市场突破。预计2025年新能源渗透率不足5%，以充电技术路线为主，2030年后将突破10%，渗透速率开始加快提升。未来，技术路线以充电为主，氢燃料电池车辆在2040年成本优势进一步扩大，开始对纯电动技术路线加速替代，2050年后有望达到30%以上。

工程自卸类场景未来将形成以纯电动为主、氢燃料电池为辅的技术发展路径。客户群体集中化程度高，运输区域固定，新能源化进程相对较快。预计2025年新能源渗透率达到15%左右，2035年突破80%。其中，2030年前新能源技术路线以充换电为主，由于该类场景运距相对较短、运输强度相对较低，市场对充电技术路线需求更高；氢燃料电池车辆DPCO在2035年前与柴油车持平，随着氢能产业链成本下降，市场需求稳步增长，2035年渗透率突破10%，2040年达到20%左右。

市政环卫类场景以纯电动技术路线为主。客户群体集中化程度高，运输区域及路线固定，且属于城市公共领域用车，新能源化进程较快，预计2030年左右突破70%。由于运输工况简单，日运距普遍在200km以内，且城区公共充电网络相对完善，因此技术路线以充电为主。

城市配送物流类场景未来形成以纯电动为主，氢燃料电池、增程式混合动力为补充的技术发展路径。客户以个人散户为主，车队客户为辅，在城市环保治理趋势、新农村建设工程推进等因素影响下，新能源化进程将持续快速发展，预计2035年渗透率接近60%，以充电技术路线为主。另外，增程式混合动力技术路线将在2035年前实现一定规模发展，由于其不具备零碳属性，随着新能源汽车成本下降及续驶能力提升，市场份额将逐步减小。

客运类场景未来将形成以纯电动为主、氢燃料电池为辅的技术发展路径。城市公交场景新能源化进程最快，目前新能源化率已稳定在 95% 以上，以充电技术路线为主。旅游团体客运、定制客运场景在城市路权优势及基础设施建设等因素推动下，新能源化进程正在加快，预计 2035 年渗透率突破 50%，以充电技术路线为主，氢燃料电池技术路线将在长距离客运场景实现一定规模发展。考虑安全因素，我国暂未将新能源校车纳入《道路机动车辆生产企业及产品公告》，目前以柴油技术路线为主，未来对技术路线的选择存在政策方面的不确定性。

7. 碳价对渗透率的影响

碳价对新能源商用车市场化的促进作用集中在 2025—2040 年。如果考虑碳价因素的影响，如图 3-23 所示，根据清华大学能源环境经济研究所对我国碳价的预测（图 3-5），对商用车的减碳潜力进行对比分析，碳政策将对新能源商用车市场化有最高达到 5.5% 的促进作用，促进作用集中在 2025—2040 年。目前我国碳定价在全球范围内处于较低水平，如果参照世界银行碳价走廊对我国商用车的减碳潜力进行对比分析，在 2025—2040 年碳政策将对新能源商用车市场化有最高 21% 的促进作用，显著加速我国新能源商用车的市场渗透。2040 年后，随着新能源商用车的市场渗透率达到 70% 以上，碳价政策对新能源商用车市场化进程的影响逐步降低。所以，在交通运输领域建立碳交易机制并辅助以更加强有力的政策支持，有助于推动商用车的零碳化进程，加速实现交通运输结构的绿色低碳转型。

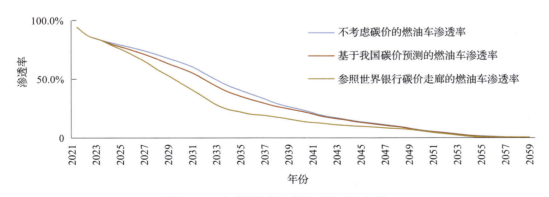

图 3-23　含碳价情境下的技术渗透率曲线

（二）碳排放预测

1. 保有量预测

预测 2060 年商用车保有量为 4000 万~5200 万辆，其中货车为 3800 万~5000 万辆。

商用车保有量与货运结构、宏观经济及政策法规强相关。其中，重型货车运输货物以满足经济发展所需的煤炭、钢铁、建材及工业制成品为主，构建"宏观经济＋自然更新"为主的保有量预测模型预测重型货车保有量；中型货车受政策限制及使用经济性不足影响，市场规模呈萎缩趋势，采用基于历史发展规律的外推法预测中型货车保有量；轻微型货车运输货物以农副产品、家具家电、家装建材等消费品为主，采用基于社会消费零售总额的外推法预测轻微型货车保有量；客车以满足人们的出行为主，主要采用基于客车千人保有量的外推法预测客车保有量。

从国家政策导向来看，国家及相关部委多次发布战略规划及工作方案，持续推进公路运输转铁路运输、公路运输转水路运输。其中，大宗货物公路运输向铁路、水路及多式联运等方式转移，将降低商用车（尤其是重型货车）市场需求规模，并对车型需求结构产生较大影响，如牵引车向自卸车转化等；专线铁路进入港口、厂区或园区，将降低市场对倒短运输车辆的需求；铁路进入堆场或中转站，将促进市场结构由中长途运输向中短途运输转移，市场对车型的需求结构将发生变化。从宏观经济来看，商用车保有量与国内生产总值（GDP）、社会消费零售总额、社会物流总额、原煤产量及人口总数等因子强相关，结合国家统计局、国务院发展研究中心的统计数据，以及联合国世界人口统计等数据，分车型构建保有量预测模型。

乐观情景下，如图 3-24 所示，重型货车保有量 2030 年达到峰值 1054 万辆，之后随着宏观经济及货运结构的转型，2060 年将回落至 793 万辆；中型货车市场受重型、轻型货车的分化作用，市场规模逐步萎缩，至 2060 年保有量下降到 55 万辆左右；轻微型货车需求与社会消费零售总额呈正相关，预测其保有量随着社会零售总额规模上升而不断缓慢增长，到 2060 年较 2020 年翻一番；联合国预测 2060 年我国人口数量为 13 亿左右，2060 年客车保有量为 220 万辆。

注：数据口径为国家统计局货车与9座以上客车。

图 3-24 乐观情景下的商用车保有量现状及预测

保守情景下，如图 3-25 所示，宏观经济增速低于乐观情景，对商用车，尤其是重型货车市场的新增需求拉动作用减弱，重型货车保有量预计 2025 年前达到峰值，约 920 万辆，至 2060 年将回落至 500 多万辆；轻微型货车受人口增速放缓、人口老龄化等因素影响，社会消费力低于乐观情景，2060 年保有量为 3300 多万辆；联合国预测，2060 年我国人口数量为 12 亿左右，客车保有量为 180 万辆左右。

注：数据口径为国家统计局货车与9座以上客车。

图 3-25 保守情景下的商用车保有量现状及预测

整体来看，如图 3-26 所示，乐观情境下，我国商用车保有量在 2060 年达到 5200 万辆左右，其中，货车 5000 万辆左右；保守情境下，我国商用车保有量呈缓慢增长态势，2035 年左右上涨至 4000 万辆左右，2035 年后至 2060 年，将维持在 4000 万辆左右平稳发展，其中，货车 3800 万辆左右。

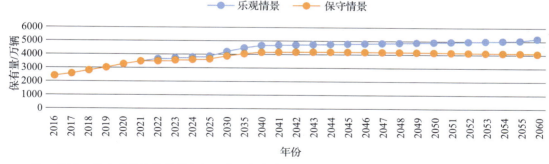

注：数据口径为国家统计局货车与9座以上客车。

图 3-26 分情景商用车保有量现状及预测

2.销量预测

预计 2060 年商用车销量达 500 万~550 万辆，其中货车 480 万~530 万辆。 根据商用车保有量，结合商用车置换率分车型测算商用车销量。在不考虑重大突发因素对市场需求影响的情况下，重型货车销量已于 2020 年达到峰值 157 万辆，中远期随着宏观经济的复苏、运输结构的分化，以及产业转型的带动，销量将呈现先升后降的态势，预计 2060 年将保持在 50 万~80 万辆；受重型货车市场分化、蓝牌治理法规带来红利逐渐退坡，中型货车销量将以下滑态势为主，2040 年后进入平稳发展阶段，销量将保持在 5 万辆左右；受消费的持续驱动，轻微型货车销量以上涨态势为主，至 2060 年销量将上涨至 425 万~450 万辆，其中，货运车辆占比 90% 以上；随着旅游行业的复苏及绿色出行的推动，客车销量呈现周期性波动，年销量保持在 15 万~20 万辆，至 2060 年客车年销量将达到 20 万辆左右，其中，公交车型占比超过 60%。结合各车型销量预测，预计 2060 年商用车销量为 500 万~550 万辆，其中货车占比超 95%，如图 3-27 所示。

3.单车能耗预测

如图 3-28 所示，结合公告油耗、车辆实测、企业调研、专家咨询等多种口径数据，确定各场景标杆车型单车油耗，综合考虑保有量加权及典型场景空驶率等因素，2021 年商用车平均百公里油耗为 16.5L，其中，重型货车为 33L，中型货车为 21.1L，轻微型货车为 9.7L，客车为 15L。中长期来看，随着动力系统效率提升及混合动力技术应用，商用车百公里油耗整体呈下降趋势，2025 年、2030 年油耗分别较

2021 年下降 15% 左右和 25% 以上。由于不同燃料的热值不同，各技术路线单车能耗相差较大，以中途牵引运输场景为例，氢氨、甲醇及柴氨内燃机商用车的百公里能耗分别是柴油内燃机的 3.5 倍、3 倍和 2 倍。

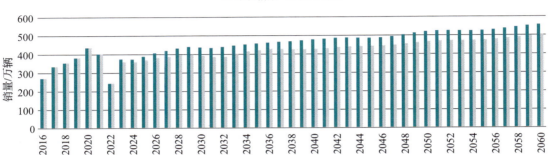

注：数据口径为国内商用车上险量数据。

图 3-27　分情景商用车销量现状及预测

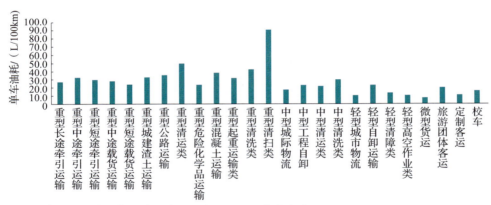

注：数据来源于公告油耗、车辆实测、企业调研、专家咨询。

图 3-28　分场景商用车单车油耗

4.年行驶里程预测

商用车年行驶里程与保有量结构及车龄相关。本书以 2016—2022 年累计销售的车型结构为商用车保有量结构。随着商用车车龄的增加，商用车会由使用强度较高的场景转移至使用强度较低的场景，车辆活动水平会随着车龄的增加逐年降低，结合 Argonne 实验室研究结果，重中型货车、轻微型货车、城际客车使用 5 年后的活动水平较新车分别下降42%、51%及54%。综合考虑保有量结构及车龄的影响，2021年商用车分车型年行驶里程如图3-29所示。商用车2021年平均行驶里程为3万km左右，其中重型货车、中型货车、轻微型货车、客车的平均年行驶里程分别为6万km、3.4万km、1.6万km、3万km左右。随着货物运输结构调整的影响，重型货车的平均年行驶里程将降低，中型货车、轻微型货车、客车的平均年行驶里程变化不大。各场景对于车型的行驶里程均有要求，不能满足场景所需活动水平的车辆将被置换或转移至其他活动水平相对较低的场景，因此，2060年各场景活动水平将延续现有的活动水平。

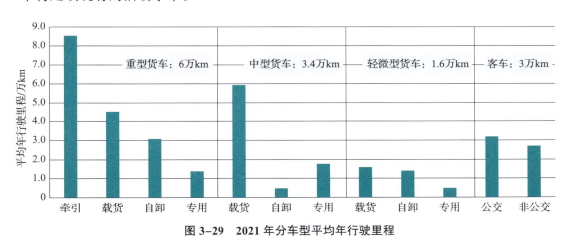

图3-29　2021年分车型平均年行驶里程

5.碳排放量预测

商用车运行阶段碳排放量于2025年前达峰。如图3-30所示，根据乐观情景下

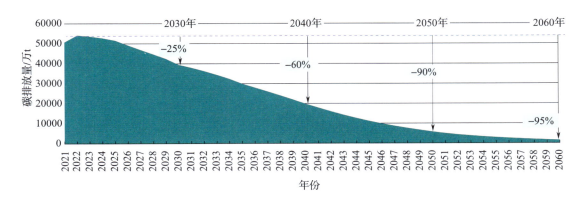

图3-30　商用车运行阶段碳排放发展趋势

的保有量测算口径，随着商用车保有量增速放缓，传统商用车的燃油经济性不断提高以及低碳、零碳技术路线的渗透率持续提升，商用车运行阶段碳排放量将于2025年前达到峰值区间，峰值碳排放量约5.5亿t/年。至2030年，柴油、天然气等传统能源商用车节能低碳化发展，新能源商用车渗透率上升至30%左右，碳排放量较峰值下降25%左右；2030年后，重型商用车保有量增速进一步放缓，新能源及零碳内燃机商用车加快渗透，商用车运行阶段碳排放量于2040年、2060年分别较峰值下降60%以上和95%以上。2060年左右，在基础设施建设相对滞后的偏远地区与部分特定工况的专用车作业场景仍存在少量含碳燃料商用车需求，车辆运行阶段将产生1000万~1500万t/年的碳排放，需要通过合成燃料等方式实现全生命周期的碳中和。

第四部分 面向 2060 年的愿景及发展目标

一、面向 2060 年的发展愿景

（一）社会愿景

商用车低碳、零碳技术水平持续提升，实现商用车产业与我国的能源战略、环境战略目标相适应，为建设能源与环境和谐共生社会做出应有贡献。以公路物流为核心，不断推进商用车绿色低碳化、智能网联化发展，形成绿色、安全、高效的智慧物流体系，科学有序实现商用车产业高质量、可持续发展，支撑经济社会平稳运行。

（二）产业愿景

持续提升商用车产品的安全性、可靠性、耐久性、经济性、舒适性及智能化水平，逐步实现我国商用车产业高质量转型，全面提高消费者对于商用车产品的综合感受及满意度。突破高端制造、检测装备、基础软件及元器件等基础共性瓶颈技术，实现我国商用车产业链关键环节的自主可控。从材料端、能源端推动商用车制造、使用直至报废全生命周期的绿色低碳发展，构建服务于车、货、人的跨界合作、开放包容的新型商用车产业生态圈，结合更高效的商用车运营模式，确保商用车产业能够在经济、民生、能源、环境可接受范围内实现绿色低碳可持续发展。同时实现商用车低碳化、智能化技术的全球领先，形成一批具有较强国际竞争力的企业及产业集群，为把我国成功建设成汽车强国做贡献。

二、分阶段的总体目标及发展路径

（一）总体目标

在"双碳"目标的引导下，通过持续推动传统能源商用车与新能源商用车协同发展及平稳转型，分阶段、分场景有序推进传统燃料商用车高效节能、新能源商用车广泛渗透、新型燃料商用车探索式发展，逐步实现商用车产业绿色低碳可持续发展。至2060年，商用车运行阶段二氧化碳排放量较峰值下降95%以上。支撑商用车产业链绿色低碳发展的技术创新体系优化完善，关键核心技术自主化水平显著提升，原始创新水平具备全球引领能力，具备形成协同高效、安全可控的产业链的实力。

（二）发展路径

根据各技术路线商用车的综合竞争力，在短途运输场景，以充电技术路线为主、换电及氢燃料电池技术路线为辅，插电式混合动力、增程式混合动力阶段性发展；在中长途运输场景，2035年前以传统燃料内燃机商用车节能低碳发展为主，2035年后逐步形成以氢燃料电池技术路线为主、纯电动技术路线为辅、零碳燃料内燃机技术路线在富能区域集中发展的多元化技术路径。

持续提升传统燃料内燃机商用车节能低碳技术水平。加速传统燃料内燃机商用车节能、低碳化发展，持续推进高效动力系统、轻量化整车、低滚动阻力、低风阻等节能技术水平的提升，实现2025年商用车新车百公里能耗较2021年下降15%的目标。持续开展技术创新，提升内燃机热效率，加强混合动力技术应用，2030年商用车新车百公里能耗较2021年下降30%以上；2040年及以后，百公里能耗较2021年下降38%~45%。

加快推进零碳技术路线商用车技术创新与市场普及。持续提升纯电动商用车在公交、城市物流、市政环卫、城建渣土运输等短途运输场景的应用比例，加强氢燃料电池商用车在示范城市群及其他富氢区域的推广。至2025年，新能源商用车市场渗透率超过 15%，其中，纯电动商用车占比超过 90%，氢燃料电池商用车保有量超过 5 万辆。推进动力蓄电池与氢燃料电池技术创新与成本降低，加强超快速充电站、换电站及加氢站建设，到 2030 年，新能源商用车应用场景进一步拓展，市场渗透率提升至 30% 左右。到 2035 年，氢燃料电池、纯电动、氢内燃机等零碳技术在中长途场景加速渗透，零碳商用车市场渗透率达到 55% 左右。到 2040 年，多种技术路线协同推进零碳商用车市场渗透率达到 75% 左右，商用车碳排放量较峰值下降 60% 以上。

第五部分 碳中和技术路线图

项目		2025 年	2030 年	2035 年	2040 年	2060 年
总体目标	碳排放量水平	2025 年前达峰	较峰值下降 25%	较峰值下降 45%	较峰值下降 60%	较峰值下降 95% 以上
	市场销量/万辆	390	440	460	480	480+
	商用车新能源渗透率	15%	30%	55%	75%	> 95%
	细分车型	重型货车：9% 中型货车：15% 轻微型货车：15% 客车：> 70%	重型货车：25% 中型货车：40% 轻微型货车：30% 客车：75%	重型货车：45% 中型货车：65% 轻微型货车：55% 客车：85%	重型货车：65% 中型货车：85% 轻微型货车：75% 客车：90%	重型货车：> 90% 中型货车：95% 轻微型货车：接近 100% 客车：95%
	内燃机（含 HEV）技术路线渗透率	85% 柴油机 48%， 汽油机 31%	70% 柴油机 35%，汽油机 29% 氢氨内燃机试运营	45% 柴油机 21%， 汽油机 20% 氢氨内燃机试运营	25% 柴油机 13%， 汽油机 12% 氢、氢氨内燃机在富能区域推广	< 5% 氢、氢氨、甲醇等零碳内燃机在富能集中发展
产品应用	纯电动技术路线渗透率	15% 充电 14%，换电 1%	28% 充电 26%，换电 2%	50% 充电 46%，换电 4%	65% 充电 60%，换电 5%	85% 充电 80%，换电 5%
	氢燃料电池技术路线渗透率	0.5% 保有量约 5 万辆，示范区应用为主	1% 保有量突破 20 万辆，示范区应用为主	4% 保有量 100 万辆左右，在中长途场景开始加速渗透	7% 保有量突破 200 万辆，在中长途场景规模化应用	> 10% 在中长途场景规模化应用，在城建渣土运输等中短途场景与电动技术路线协同发展

技术指标		HEV技术应用	HEV技术在适用场景开始推广应用		HEV技术在适用场景成为主流	
内燃机	热效率（以柴油机为例）	重型49% 中型46.5% 轻型43%	重型50% 中型48% 轻型45%	重型51% 中型50% 轻型46%	重型52%~55% 中型51%~53% 轻型46%	重型52%~55% 中型51%~53% 轻型46%
	能耗降幅（较2021年）	15%	30%	35%	38%	>40%
动力蓄电池	三电综合效率	73%	>75%	>78%	80%	>80%
	电耗降幅（较2021年）	5%	10%	13%	15%	15%~20%
	电池质量能量密度/(W·h/kg)	195	240	450	500	550~600
	电池体积能量密度/(W·h/L)	470	600	900	950	1000~1200
	充放电效率	95%	95%	95.5%	95.5%	96%
	电池成本/(元/W·h)	0.7~0.8	0.6~0.7	0.6~0.7	0.5~0.6	0.4~0.5
氢燃料电池	系统额定效率	50%	55%	60%	65%	65%
	氢耗降幅（较2021年）	15%	20%~25%	30%~35%	40%左右	>45%

（续）

项目		2025 年	2030 年	2035 年	2040 年	2060 年
氢燃料电池	系统额定功率 / kW	200	250	300	350	≥ 400
	质量功率密度 / (W/kg)	≥ 550	≥ 750	≥ 750	≥ 800	≥ 800
	寿命 /h	≥ 25000	≥ 30000	≥ 40000	≥ 50000	≥ 50000
	电池系统成本 / (元 /kW)	2000	500	400	300	200
	储氢系统成本 / (元 /kg)	3000	1500	1000	900	800
	车载储氢技术	气态储氢（35MPa 为主，70MPa 渗透）	70MPa 气态储氢为主，液态储氢技术开始应用	液态储氢技术为主气态储氢为辅	液态储氢技术为主气态储氢为辅	液态储氢技术为主（深冷高压储氢渗透）
技术指标	降阻	风阻系数：0.5~0.52 滚动阻力系数：0.018~0.02	风阻系数：0.45~0.5 滚动阻力系数：0.0175~0.018	风阻系数：0.43~0.45 滚动阻力系数：0.017~0.0175	风阻系数：0.4~0.43 滚动阻力系数：0.0165~0.017	风阻系数：0.36~0.4 滚动阻力系数：0.016~0.0166
	传动效率提升（较2021年）	0.5%~1.0%	1.0%~1.5%	1.5%~2.5%	2.0%~3.0%	2.5%~4.5%

		阶段一	阶段二	阶段三
整车双碳技术	轻量化	驾驶舱：覆盖件采用软钢，结构件批量采用700MPa及以上高强度钢；底盘：大量采用高强度钢、等温淬火球墨铸铁（ADI）和铝合金材料；发动机：批量采用非调质钢、高强度灰铸铁、铝合金	驾驶舱：覆盖件主要采用软钢，结构件部分采用铝合金或复合材料，结构件采用复合材料、采用新型产品结构；底盘：大量采用铝合金、复合材料，采用新型产品结构；发动机：提升设计应力，产品小型化，高强韧材料大量应用	驾驶舱：模块化与集成化设计；底盘：大量采用铝合金、镁合金与复合材料；发动机：镍基合金等新型材料应用，结构小型化
	智能网联技术	网联协同感知在主要的道路节点与封闭园区实现基本应用，车辆关键技术达到全面实现有条件自动驾驶（CA），部分场景高度自动驾驶（HA）的驾驶需求；通过智能网联技术实现耗能降幅2.1%	智能化基础设施覆盖主要道路，人车路云系统实现高度协同；车辆关键技术基本实现高速公路、郊区道路的高度自动驾驶；通过智能网联技术实现耗能降幅3.5%	整车技术逐步达到院全自动驾驶（FA）级智能网联汽车与智慧城市智能源、智能交通深度融合；通过智能网联技术实现耗能降幅7.0%
能源需求	传统能源			
	柴油需求量/亿t	1.1~1.4	0.5~0.8	少量存在
	天然气需求量/亿t	0.15~0.18	0.20~0.28	少量存在
	发展路径	化石能源高效利用为主		化石能源为补充
	电			
	电需求量/亿kW·h	410~660	1700~2800	2500~5800
	绿电占比	40%以上	60%	90%~95%
	发展路径	绿电占比逐渐上升至90%~95%；充电桩、换电站长期共存，互补发展，大功率充电桩、换电站在中长途干线上适度超前布局		

(续)

项目		2025 年	2030 年	2035 年	2040 年	2060 年
能源需求	氢					
	氢需求量/万 t	12~18	38~45	200~250	550~750	1000~1300
	绿氢占比	10%	20%	30%	40%	60%~80%
	加氢站数量/座	1000	>2000	>5000	>7000	>10000
	发展路径	化石能源制氢为主，电解水制氢为辅		电解水制氢为主，实现快速发展		可再生能源电解水制氢为主
	甲醇发展潜力预判	目前基础设施主要集中在化石能源制醇丰富地区；2035 年前，绿醇商用车以小范围试运营为主；甲醇商用车将主要在富醇区域集中发展				
	绿氨发展潜力预判	目前以化石能源制氨为主；未来通过可再生能源电解水制氢，氢和氮气催化合成氨预计是最先实现绿氢工业化生产的技术路线；国家能源局目前将氢定位于储能路线，其作为车用能源的发展前景存在不确定性				
其他	生物燃料发展潜力预判	一代生物柴油，我国以餐厨废弃油采取酯交换法制取为主，受上游原材料限制，生物柴油在我国原材料丰富区域以低比例掺烧使用为主；二代、三代生物柴油发展潜力取决于其制取技术及价格竞争力				
	E-fuel 发展潜力预判	E-fuel 中短期经济性较差，是否具备经济优势是其能否成为主流燃料的关键				

第六部分
战略支撑及保障措施

商用车碳中和技术路线图 1.0

推动商用车产业绿色低碳发展是一项艰巨性、复杂性、长期性并存的系统工程，需要全面统筹发展和安全、当前和长远、整体和局部，系统谋划并完善政策保障制度，持续提升科技创新水平，加强绿色能源供给能力，推动全产业协同融合发展，服务和保障商用车碳中和发展路径顺利实施。

一、商用车碳中和支持政策及优先行动项

（一）加快健全商用车碳管理政策体系

加快制定商用车积分管理政策，探索建立积分体系与其他碳减排体系的衔接机制。加快在研车辆燃料消耗量限值标准、能源消耗量标识标准以及道路车辆温室气体标准制定工作研究进度。建立健全新能源汽车及替代燃料汽车能耗限值评价体系，完善各类商用车能源消耗当量转换和节能综合评价体系，逐步建立汽车关键节能技术能耗测试和评价方法标准体系。系统评估将车辆用能上游排放折算纳入能耗积分管理的可行性，研究实施碳排放量标签制度。加强新能源汽车碳足迹研究，推动国内外在评价标准、基础数据等方面的互通、互认与互享。

（二）完善低碳车辆财税支持政策

分车型、分场景对中重型商用车零排放技术应用持续给予财税支持；适时引入与车用能源使用挂钩的碳税制度，研究对车用成品油根据碳排放量征收消费税；推

动银行业金融机构创新金融产品，保险行业持续完善新能源商用车商业保险制度，加强对换电模式、氢燃料电池基础设施等的风险保障。

（三）进一步加强新能源及零碳燃料内燃机商用车的推广及应用

持续加强新能源商用车推广配套政策。 加强针对公交、环卫、市政工程、邮政运输、城市物流等公共领域新能源商用车推广应用的引导和配套政策；针对钢铁、电力、焦化等重点污染治理行业，加速运输车队新能源化转型；针对农村地区新能源轻微型物流车推广应用，借鉴汽车下乡经验，给予专项购车补贴和配套设施建设。

扩大氢燃料电池商用车示范应用范围。 借鉴目前示范经验，扩大氢燃料电池汽车试点示范区域，加速氢燃料电池汽车的商业化推广应用；根据市场推广及购置、运营成本变化趋势，提前策划2025年后的财政支持政策，平稳过渡氢燃料电池汽车扶持政策；构建跨区域联通的氢能高速公路综合示范线，加速氢能商用车在高速公路场景的推广应用。

开展零碳内燃机示范应用工程。 依托内燃机产业基础，协同政产学研优势资源，加速氢、氢氨等零碳内燃机关键核心技术和重大原创技术攻关，结合区域能力及场景需求，开展零碳内燃机示范应用工程，助力内燃机产业绿色低碳转型。

绿色低碳商用车推广政策建议及优先行动项见表6-1。

二、商用车碳中和技术创新需求及优先行动项

（一）加大绿色低碳技术研发创新，合力攻关补齐产业基础短板

加强内燃机燃烧技术及材料创新，开发适用不同场景的高热效率混合动力专用发动机；同时，加大对纯氢、氢氨融合等零碳燃料内燃机的研发投入与市场推广

表 6-1 绿色低碳商用车推广政策建议及优先行动项

项目名称	政策类别	必要性	重点内容	组织模式	优先程度
建立健全汽车碳排放标准体系	国家级	国际上部分国家正在以碳为核心构筑新的竞争门槛与贸易壁垒，我国企业在低碳技术创新能力、清洁能源发展意识、绿色材料使用方面与国际先进水平存在一定差距，亟待加强汽车行业碳排放核算体系建设相关工作	1）加快制订商用车积分管理体系，探索建立积分体系与其他碳减排体系的衔接机制 2）加快在商用车辆燃料消耗量限值标准、能源消耗量标识标准以及道路汽车温室气体标准协同，建立健全新能源汽车及替代燃料车能耗限值评价体系，加强本地化碳排放因子库建设，推动国际标准的协同互认 3）加强新能源汽车碳足迹研究，推动国内外标准评价标准、基础数据等方面的互通、互认与共享	国家主导	★★★★
完善低碳车辆财税支持政策	国家级	新能源商用车的发展仍面临购置及使用成本高、基础设施不完善等核心问题，财税支撑政策仍为新能源商用车普及和推广的关键措施	1）分车型、分场景对中重型商用车零排放技术应用持续给予财税支持 2）适时引入车用能源使用挂钩的碳税制度，研究对车用成品油根据碳排放量征收消费税 3）推动新能源商用车商业保险制度，保险行业持续完善新能源行业金融机构创新金融产品，加强换电模式、氢燃料电池基础设施等的风险保障	国家主导	★★★★
积极探索CCER碳交易机制，引导激励物流车队零碳转型	国家级	新能源商用车购置及使用成本高是制约其发展的主要因素之一，通过建立交通运输领域碳交易机制，提升零碳商用车易应用价值，刺激终端购车需求，加速推动交通结构绿色转型	1）支持汽车行业组织、研究机构研究建立以减排量核算方法学为基础的汽车产业CCER标准体系 2）有序推进围绕交通运输行业的CCER体系建设工作，对零碳商用车用户践行低碳运输予以引导和激励	国家主导、行业联合	★★★★

任务名称	背景/现状	具体措施	优先级	主导方
加强新能源商用车推广扶持政策，为交通运输行业绿色转型提速	我国商用车保有量仅占汽车总量的12%，碳排放占比超过50%，目前新能源技术渗透率不足10%，远低于新能源乘用车渗透率。针对目前新能源商用车购车成本高，TCO成本优势不明显的行业痛点，仍需加强对新能源商用车推广应用的政策引导和扶持	1）加强针对公交、环卫、市政工程、邮政运输、城市物流等公共领域新能源商用车推广应用的引导和配套政策，制定新能源商用车增时作业、扩大路权、停车费优惠等专属政策包 2）借鉴汽车下乡经验，对农村地区新能源轻微型物流车推广应用给予专项购车补贴和配套设施建设 3）持续推进钢铁、电力、焦化等重点污染治理行业的清洁化运输，将运输车队新能源车辆新能源化比例纳入环保绩效评级指标 4）推进高速公路场景新能源化发展，对新能源商用车高速通行费进行折扣优惠	国家级 ★★★★★	国家主导
持续开展氢燃料电池汽车示范工程，助力氢能汽车产业高质量发展	氢能汽车示范工作启动以来，我国氢燃料电池汽车产业已取得积极进展。但是，我国西北地区清洁氢资源供应具备地理优势，且运输场景丰富，但无试点示范城市，氢能汽车发展缓慢；同时，各示范城市群间未能有效联动，氢能配套面临跨区运输不畅通等问题，推动氢能跨区域公路建设具有必要性和紧迫性	1）借鉴5大氢能产业示范城市群的工作开展经验，选择具备氢产业基础、环保压力大的地区，扩大氢燃料电池汽车试点示范区域，加速解决氢能基础设施规模化建设及运营问题和现有整车及关键零部件技术的产业化落地，助力氢燃料电池汽车的商业化推广应用 2）根据氢燃料电池汽车市场推广及购置、运营成本变化情况，延续2025年后的财政支持政策，平稳过渡氢燃料电池汽车扶持政策 3）联通氢能公路综合示范线，打造跨区域联通的氢能高速公路示范区，构建跨区域联通的氢能供给网络，加速氢能商用车在高速公路场景的推广应用	国家级 ★★★★★	国家主导

(续)

项目名称	政策类别	必要性	重点内容	组织模式	优先程度
开展零碳内燃机示范应用工程,加速中长途运输场景低碳转型	国家级	中长途类运输场景碳排放占整体商用车碳排放的比例约50%,而中长途运输场景受限于基础设施不完善及产品技术未就绪等因素影响,短期内难以实现新能源化发展。现阶段,零碳内燃机可依托新型低碳、零碳内燃机产业基础,发展氢氢氨、氢氨内燃机,助力交通行业早日实现碳达峰、碳中和目标	1)区域选择:以氢燃料电池汽车示范应用城市群为目标范围,重点在氢能资源丰富、具备氢能和氢氨内燃机汽车产业基础、有市场需求的地区增加对氢、氢氨内燃机汽车的示范推广 2)场景范围:重点在中重型公路运输车、公路客车、城建渣土车、城市物流配送车等长途重载以及固定区域内运行的车辆上率先推广,鼓励符合条件的城市或城市群同时开展跨城、跨区域运输的联合试点示范,加强氢氢、氢氨内燃机汽车在干线高速公路场景的示范应用 3)产业体系建设:推进行业成立零碳内燃机合作联盟,集合企业、高校、院所等优质资源,加强关键核心技术和重大原创技术攻关,建立健全自主可控的产业体系,提升供应链韧性和安全水平 4)政策扶持:制定试点示范城市氢氨、氢氨内燃机汽车推广应用财税支持政策,交通管理支持政策等相关支持措施,支持零碳内燃机汽车的推广应用	国家主导,行业联合	★★★★

力度。围绕纯电动商用车产业发展痛点，加强下一代高性能动力蓄电池（如固态电池）研发投入；同时开展高安全全气候动力蓄电池技术攻关，提升动力蓄电池热失控技术标准，以进一步增强新能源商用车低温适用性和安全性，满足高寒地区用户需求。持续开展氢燃料电池创新型材料及核心零部件研发，开发高可靠性、长使用寿命的大功率产品；加强高密度储氢瓶共性技术的联合研发，逐步减轻我国对国外的技术依赖。

（二）引导创新主体加强技术研发，加强行业协同创新发展

基础技术创新能力实施更大力度的企业研发费用加计扣除、低碳技术企业税收优惠等普惠性政策，鼓励有条件、有基础、有能力的企业加强自主创新并积极引进国外先进技术及经验，进行消化吸收再创新，以点带面，推进商用车绿色低碳技术创新成果产业化。加大对国家级创新中心、重点实验室、企业技术中心等科研创新平台的支持力度，依托产业基础再造和制造业高质量发展专项实施汽车产业技术提升工程，全面提升商用车产业低碳转型基础支撑能力，进一步提升新能源商用车产品可靠性及耐久性；分场景持续推动商用车智能网联技术提升，促进新一代信息技术与商用车、货物及能源供给、交通运输的跨领域高效融合，为提升商用车运营效率提供技术支撑。

（三）建立健全商用车碳中和技术创新能力体系

加强商用车绿色低碳技术创新能力提升及人才培养。围绕高效内燃机、零碳燃料内燃机、固态动力蓄电池、氢能产业核心关键技术等产业短板，充分发挥科研机构、高校、大型企业等相关机构的科技攻关能力和人才高地优势，建立健全商用车行业共性技术创新联合研发机制，持续推进我国商用车产业绿色低碳发展的技术创新能力提升。同时，加强商用车不同技术路线创新人才的培养，保障我国传统能源

商用车向新能源商用车的平稳转型。

商用车碳中和技术创新需求及优先行动项见表 6-2。

三、清洁能源基础设施需求及优先行动项

持续推动和完善基础设施建设工作。依托互联网＋智慧能源，提升智能化水平，积极推进"车—站—网"协同的智慧补能网络建设；鼓励换电模式应用，加大换电站建设支持，并结合高速公路场景新能源化发展需要，研究开展快速充电、超级快速充电网络建设；组织开展加氢基础设施立项、审批、建设、验收、投入运营等环节的管理规范研究工作，推进绿氢供应网络建设；积极探索氨氢融合能源发展路线，构建安全、高效、低成本、多元化的绿色能源供给体系。

清洁能源基础设施需求及优先行动项见表 6-3。

表6-2 商用车碳中和技术创新需求及优先行动项

项目名称	项目属性	必要性	实施目标	主要研究内容	预期成果	组织模式	优先程度
清洁高效内燃机技术提升	基础前瞻	我国在超高热效率的内燃机燃烧理论方面的研究处于国际领先水平。但是，目前我国混合动力技术内燃机尚未批量应用，而且在现代化动力系统智能控制理论、现代高强化内燃机先进材料基础科学问题等基础理论方面缺乏研究，制约中国内燃机研究水平发展，研究水平与世界先进国家存在差距	内燃机最高有效热效率方面，2030年，通过突破超高压缩比、可变气门、可变热力循环等技术，实现柴油机热效率突破50%；2040年，突破高效余热回收技术，重型混合动力内燃机能效率达到55%。2030年前，通过突破外转子电机、SiC控制器等技术，结合混合动力批量应用，实现49t重型车商用车相对第四阶段重型车引车油耗限值降低30%	研究超高压燃油喷射系统、电控可变气门、可变压缩比和可变热力循环技术、自主控制器芯片和控制系统，"零环境影响"后处理系统等技术，开发适用于不同应用场景混合动力构型和超高热效率混合动力专用发动机	热效率、混合动力技术、智能控制和先进材料方面达到国际一流水平	国家主导，行业联合、企业领跑	★★★
固态电池技术研究	基础前瞻	由于液态锂离子电池在能量密度、续驶能力及安全性等方面存在发展瓶颈，无法满足电动商用车全场景发展的技术需求，而固态电池可以有效提高电动汽车的续驶里程、使用寿命及安全性，有望成为未来电池技术的主流之一。目前，日、美、德等国家已加大对固态电池的研发投入，并取得突破性进展	2030年电池技术向固态电池体系过渡，能量密度突破400W·h/kg，充放电循环寿命达到3000次	研究电池电解质材料、电导率、界面稳定性、材料稳定性，正负极材料等技术	电池能量密度、寿命、安全性等指标达到国际先进水平	国家主导，行业联合、企业领跑	★★

（续）

项目名称	项目属性	必要性	实施目标	主要研究内容	预期成果	组织模式	优先程度
长寿命、高功率氢燃料电池技术提升	基础前瞻	目前我国在示范应用的氢燃料电池输出功率在110~150kW，寿命在1.5万h左右，与国际先进水平存在差距，国际先进产品输出已达到200kW以上，寿命在2万~3万h。提高氢燃料电池系统功率及产品耐久性是实现氢燃料电池商业化发展的前提之一	功率方面，2025年实现200kW的产品应用，2030年300kW以上产品达到商业化应用条件；寿命方面，2030年提升至3万h以上，2040年突破4万h	高活性催化剂、导电耐腐蚀双极板、高温质子交换膜等创新型材料及技术研发；氢燃料电池堆结构优化研究；氢燃料电池汽车动力系统与整车的工程化	氢燃料电池商用车整体性能指标达到产业化要求	国家主导、行业联合、企业领跑	★★ ★★★
开发高质量密度液态储氢技术	基础前瞻	高压气态储氢技术无法满足未来中长途运输场景对车辆的长续驶里程需求，液态储氢技术在氢能应用中具备储运量更大、纯度更高、充装更快等优势，是实现氢能商用车产业化发展的关键技术之一	2035年前储氢质量密度突破10wt%，储备15wt%以上的超高质量密度储氢技术，实现商用车1次加氢续驶里程1000km以上；氢气加注效率达到8kg/min，满足1000km续驶里程的加氢时间降至10min以内	大容量液态储氢瓶、液氢瓶口阀、综合管氢加注设备、综合管理能力技术等	开发大容量液氢车载储氢系统、加注系统及能量管理系统，氢燃料电池商用车开发需求	国家主导、行业联合、企业领跑	★★ ★★★

完善氢燃料电池汽车标准体系	共性关键	目前氢燃料电池产业标准法规尚不健全,不能支撑未来产业的规模化发展	制定出台氢燃料电池基础设施相关产业链相关的标准、法规	制定车用氢气制储运加等环节的技术条件及产品认证标准;研究车用氢燃料电池研发、制造、测试等过程的标准体系及规范要求;研究制定氢燃料电池系统及整车相关的安全条件及试验规范等标准	国家主导、行业联合	★★ / ★★★

表6-3 清洁能源基础设施需求及优先行动项

项目名称	必要性	重点内容	组织模式	优先程度
兆瓦级超充技术适度超前布局	提升充电效率可以降低商用车补能时间,提升运输效率,支撑电动商用车应用场景由短途向中长途领域升级	兆瓦级超充技术攻关,如高电压平台、高效散热技术等;开展超充项目示范,围绕长途高速运输场景建设兆瓦级超充基础设施,通过示范优化超充技术,降低设备成本	行业联合、企业领跑	★★★★
清洁高效的新一代智慧化城市充换电体系建设	当前城市充换电服务大多存在耗时长、效率低、难管理等问题,建设新一代智慧化城市充换电网络可有力推动公共领域车辆电动化进程,提高城市物流配送能力	优化电源布局,加快电网结构调整;综合城市地域建筑布局,科学布置站点,实现电动汽车充换电站的点位布置重合,配电需求互补,利用5G、大数据、工业互联网等技术高效配置电力资源,降低运营成本,有效解决清洁能源消纳及其产生的电网波动性等问题	国家主导、企业领跑	★★★★

（续）

项目名称	必要性	重点内容	组织模式	优先程度
推进换电技术标准化	目前行业电池规格、接口、通信协议等多样化，通用性不强，制约商用车电动化发展。标准化一有助于降低电生产成本，提高生产效率，推动电动商用车的普及和市场规模的扩大	协同电动汽车生产企业、电池制造商、换电设备供应商等共同开展换电技术标准化研究，实现动力蓄电池、换电机构互换标准化，多品牌、多车型可兼容的共享换电模式	国家主导，企业领跑	★★★
绿氢供应网络建设	《氢能产业发展中长期规划（2021—2035年）》明确提出至2030年形成完善的清洁能源制氢供应以及供应体系而目前我国氢气供应以化石燃料生产氢气及工业副产氢气为主，绿氢供应量占比不足1%，绿氢供应量小且成本高是制约氢能商用车发展的关键因素之一	在风能、太阳能等可再生资源丰富的区域加大绿电制氢示范工程；加大对制氢核心技术的研发支持力度，优化提升制氢技术效率的同时，有效改善光催化剂、反应器等关键材料的持久性；建立系统完整的制氢工艺产业链，尽快弥补制氢标准化工作与技术发展同的短板，通过规模化制氢降低成本；液态、固态储运技术攻关，加强氢气储运网络建设，降低绿氢储运成本	国家主导，行业联合，企业领跑	★★★★
氢氢能源供给技术突破及基础设施建设，稳步构建储运体系	氢能产业链环节复杂，难点众多，现有技术还不突破完全满足经济性需求，亟需从氢能制备、储运、加注等主要环节实现技术创新突破，降低成本，以推动氢氢能源的大规模应用	以安全可控为前提，积极推进技术材料工艺创新，提高高压气态储运效率，推动低温液态储运产业化应用，创制新型低温催化剂及规模化制备；力争在2035年实现"清洁低压合成氨→安全高效储运氨→无碳高效利用氢"的绿色循环经济路线，构建高密度、轻量化、低成本、多元化的氢氢储运体系	国家主导，企业领跑	★★★

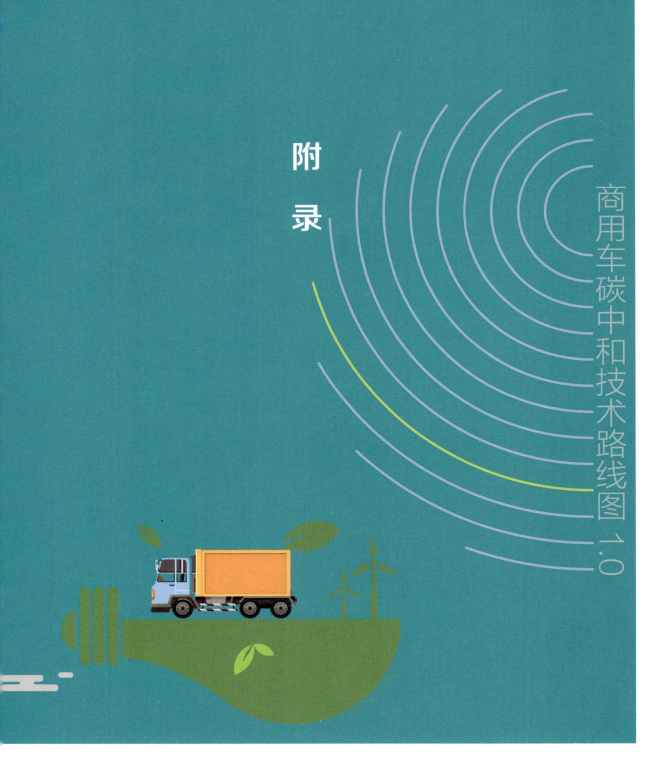

附录 A 细分场景特点及需求

表 A–1 商用车 26 个场景特点及需求

序号	细分场景	典型场景描述	场景需求
1	重型长途牵引运输（日均运距1000km以上）	**路况特点**：城市间高速公路为主，线路相对固定，日均行驶里程在1000km以上 **货物特点**：货源相对稳定，货物附加值高 **客户特点**：以车队客户为主	**技术需求** GVW/t：25~49 百公里油耗 /L：25~37 发动机排量 /L：11~15 功率 /kW：340~430 驾驶舱长度 /m：2.5 货箱长度 /m：13.6 以上 发动机最大净功率 /kW：430 **运营需求** 日均行驶里程 /km：1000 以上 平均车速 /（km/h）：80~90 日运行时长 /h：12 以上 一年活跃天数：250~350 能源补给时长（在途+补能）/min：10 成本回收期限 /年：1~3
2	重型中途牵引运输（日均运距500~1000km）	**路况特点**：高速公路+国道、省道为主，普通货物运输路线不固定，资源矿物运输路线较为固定 **货物特点**：货物种类繁杂 **客户特点**：煤炭、普通货物、砂石料、港外运输，以散户为主	**技术需求** GVW/t：49 百公里油耗 /L：33~40 发动机排量 /L：10~12（4×2）、10~13（6×4） 功率 /kW：320 以上（4×2）、300~353（6×4） 货箱长度 /m：13.6 功率 /kW：410 **运营需求** 日均行驶里程 /km：500~1000 平均车速 /（km/h）：50~70 日运行时长 /h：10 以上 一年活跃天数：300 左右 能源补给时长（在途+补能）/min：10 成本回收期限 /年：3 左右

（续）

序号	细分场景	典型场景描述	场景需求
3	重型短途牵引运输（日均运距500km以下）	**路况特点**：高速公路+国道、省道为主，少量高速公路；绿通散杂运输路线不固定；重载运输、站台煤运输，线路相对固定 **货物特点**：货物种类繁杂 **客户特点**：重载运输、绿通及散杂运输，以散户为主；站台煤运输，以车队客户为主	**技术需求** GVW/t：31~49 百公里油耗/L：26~40 发动机排量/L：9~11 功率/kW：250~412 货箱长度/m：13.6/13.75 **运营需求** 日均行驶里程/km：200~500 平均车速/（km/h）：70~90 日运行时长/h：3~5 一年活跃天数：240~360 能源补给时长（在途+补能）/min：10 成本回收期限/年：1.5~5
4	重型中途载货运输（日均运距500~1000km）	**路况特点**：长途干线运输，产地集散地转仓、干线城市转仓，高速公路70%~80%，国道20%~30% **货物特点**：货源不稳定，货物主要以冷藏冷冻及果蔬为主，疫苗货值较高 **客户特点**：以散户为主	**技术需求** GVW/t：31 百公里油耗/L：26~31 驱动形式：8×4 发动机排量/L：10~12 功率/kW：300~375 货箱长度/m：9.45 **运营需求** 日均行驶里程/km：500~1000 平均车速/（km/h）：70~80 日运行时长/h：约10 一年活跃天数：288 能源补给时长（在途+补能）/min：10 成本回收期限/年：2~3
5	重型短途载货运输（日均运距500km以下）	**路况特点**：高速公路+国道、省道为主，运输区域相对固定；城际或城市内运输，绿通及散杂运输线路不固定，快递快运线路固定 **货物特点**：绿通及散杂运输货源不稳定，附加值一般较低 **客户特点**：绿通、散杂运输以散户为主；快递快运以车队客户为主	**技术需求** GVW/t：18~31 百公里油耗/L：22~28 发动机排量/L：6~12 功率/kW：130~330 货箱长度/m：9.45 **运营需求** 日均行驶里程/km：200~500 平均车速/（km/h）：70~80 日运行时长/h：4 一年活跃天数：300~320 能源补给时长（在途+补能）/min：10 成本回收期限/年：快递快运1.5，绿通1.8，散杂2.5

（续）

序号	细分场景	典型场景描述	场景需求
6	重型城建渣土运输	**路况特点**：建筑工地—消纳场，城市道路/省道/国道90%，工地路10%，重去空回 **货物特点**：货源相对稳定，货物类型为建筑垃圾 **客户特点**：以车队为主	**技术需求** GVW/t：18~31 百公里油耗/L：25~55 发动机排量/L：7.5~12 功率/kW：230~350 货箱长度/m：7以下 **运营需求** 日均行驶里程/km：200~400 平均车速/(km/h)：30~50 日运行时长/h：10~12 一年活跃天数：300 能源补给时长（在途+补能）/min：5 成本回收期限/年：2~3
7	重型公路自卸运输	**路况特点**： 砂石料运输线路为城市周边矿山/河段砂石采集地—国道、省道、乡村道路—工地/搅拌站/砂石料堆场 煤炭运输线路为洗煤厂/港口—国道、省道、乡村道路—电厂/水泥厂/焦炭厂 重去轻回 **货物特点**：砂石料、煤炭及其他矿物为主 **客户特点**：以散户为主	**技术需求** GVW/t：18~31 百公里油耗/L：20~50 发动机排量/L：6~13 功率/kW：110~415 离地间隙/m：0.35 货箱长度/m：2.0~9.6 **运营需求** 日均行驶里程/km：200~500 平均车速/(km/h)：40~60 日运行时长/h：5~10 一年活跃天数：300 能源补给时长（在途+补能）/min：5 成本回收期限/年：2~3
8	重型清运类	**路况特点**：城市主干道、次干道、社区道路、人行道、工地等，运输线路固定 **货物特点**：货源稳定，货物主要为垃圾，被填埋或用于垃圾发电 **客户特点**：组织客户为主（政府主导型客户为主，市政环卫客户、专业服务承包商）	**技术需求** GVW/t：18（4×2）、25（6×4） 百公里油耗/L：30~40（4×2）、40~48（6×4） 发动机排量/L：6~11 功率/kW：150~340 **运营需求** 日均行驶里程/km：20~150 平均车速/(km/h)：15 日运行时长/h：4~8 一年活跃天数：365 能源补给时长（在途+补能）/min：5 成本回收期限/年：2~3

（续）

序号	细分场景	典型场景描述	场景需求
9	重型危险化学品运输类	**路况特点**：城市道路、高速公路、国道，罐式运输线路固定、部分厢式运输线路不固定（烟花爆竹） **货物特点**：货源稳定，油、腐蚀品、爆破器材等危险品为主，价值高，标载 **客户特点**：以车队客户为主	**技术需求** GVW/t：18~25 百公里油耗/L：20~35 发动机排量/L：4.5~8.8 功率/kW：110~300 **运营需求** 日均行驶里程/km：100~500 平均车速/（km/h）：50~70 日运行时长/h：8~10 一年活跃天数：200~300 能源补给时长（在途+补能）/min：5 成本回收期限/年：2~3
10	重型混凝土运输	**路况特点**：国道/省道/城市道路80%，非硬化路面20%，搅拌站—建筑工地；运输线路固定，在商砼站30km范围内运行 **货物特点**：货源相对稳定，货物类型为混凝土 **客户特点**：以车队为主	**技术需求** GVW/t：31 百公里油耗/L：30~46 货箱长度/m：5.6 发动机排量/L：6.8~10.5 功率/kW：200~350 **运营需求** 日均行驶里程/km：200以下 平均车速/（km/h）：10~30 日运行时长/h：5~10 一年活跃天数：300 能源补给时长（在途+补能）/min：5 成本回收期限/年：2~3
11	重型起重运输	**路况特点**：以国道、城市道路为主；运输线路不固定 **客户特点**：车队客户15%，散户85%	**技术需求** GVW/t：25（6×4）、31（8×4）、18（4×2） 发动机排量/L：4~11.5 功率/kW：150~280 作业工况燃油消耗量/（L/h）：20.4~36.5 行驶工况燃油消耗量/（L/100km）：21.3~38.1 **运营需求** 日均行驶里程/km：30 日均作业时长/h：5~10 一年活跃天数：200~300 能源补给时长（在途+补能）/min：5 成本回收期限/年：2~3

（续）

序号	细分场景	典型场景描述	场景需求
12	重型清洗类	**路况特点**：以城市路况为主，有部分工地及矿区路况；线路固定，以城市及城市周边线路为主；工地及矿区路况集中在工地内及矿区内 **客户特点**：政府主导型客户为主，市政环卫客户、专业服务承包商	**技术需求**： GVW/t：18（4×2）、25（6×4） 发动机排量 /L：4~10 功率 /kW：120~250 百公里油耗 /L： 作业状态，45~55L（18t，4×2）、55~65（25t，6×4） 行驶状态，4.3~4.6（4×2）、6.2~6.7（6×4） **运营需求** 日均行驶里程 /km：50~100 平均车速 /（km/h）：10~25 日运行时长 /h：4~8 一年活跃天数：200~270（受温度影响，一般5℃以下不作业） 能源补给时长（在途 + 补能）/min：5 成本回收期限 / 年：2~3
13	重型清扫类	**路况特点**：城市主干道、次干道、社区道路、人行道等；线路固定，以城市及城市周边线路为主 **客户特点**：政府主导型客户为主，市政环卫客户、专业服务承包商	**技术需求** GVW/t：14~25 发动机排量 /L：4~7 功率 /kW：150~240 整车百公里油耗 /L：100~130 **运营需求** 日均行驶里程 /km：50~110 日运行时长 /h：6~8 一年活跃天数：365 能源补给时长（在途 + 补能）/min：5 成本回收期限 / 年：2~5
14	中型城际物流	**路况特点**：以高速公路为主、国道为辅，单趟里程为300~800km，路线总体固定 **货物特点**：单程货源稳定，多为散货零担、瓜果蔬菜、冷冻生鲜等 **客户特点**：以车队为主、散户为辅	**技术需求** GVW/t：4.5~12 百公里油耗 /L：15~25 发动机排量 /L：2~5.5 功率 /kW：85~240 货箱长度 /m：4.1~7.8 **运营需求** 日均行驶里程 /km：300~800 平均车速 /（km/h）：80 日运行时长 /h：10~12 一年活跃天数：200~300 能源补给时长（在途 + 补能）/min：5 成本回收期限 / 年：绿通运输为2，散杂运输为6

（续）

序号	细分场景	典型场景描述	场景需求
15	中型工程自卸	**路况特点**：城市道路、国道、高速公路 **货物特点**：货源不固定，包括瓜果蔬菜、家庭物资、日用散杂等；城建渣土等货源相对稳定 **客户特点**：以散户为主	**技术需求** GVW/t：4.5~12 百公里油耗/L：10~25 发动机排量/L：2.2~4.3 功率/kW：70~180 **运营需求** 日均行驶里程/km：50~100 平均车速/（km/h）：30~50 日运行时长/h：3 一年活跃天数：200 能源补给时长（在途+补能）/min：5 成本回收期限/年：2~3
16	中型清运类	**路况特点**：城市主干道、次干道、社区道路、人行道、工地等；路线固定 **客户特点**：组织客户（政府主导型客户为主，市政环卫客户、专业服务承包商）	**技术需求** GVW/t：4.5~12 整车百公里油耗/L：20~50 发动机排量/L：2~5.2 功率/kW：85~170 发动机最大净功率/kW：170 **运营需求** 日均行驶里程/km：50~110 日运行时长/h：6~8 一年活跃天数：350以上 能源补给时长（在途+补能）/min：5 成本回收期限/年：2
17	中型清洗类	**路况特点**：以城市路况为主，有部分工地及矿区路况；线路固定，以城市及城市周边线路为主；工地及矿区路况集中在工地内及矿区中 **客户特点**：政府主导型客户为主，市政环卫客户、专业服务承包商	**技术需求** GVW/t：4.5~12 整车百公里油耗/L：35~45 发动机排量/L：2~6 功率/kW：80~180 **运营需求** 日均行驶里程/km：50~100 平均车速/（km/h）：10~25 日运行时长/h：4~8 一年活跃天数：200~270（受温度影响，一般5℃以下不作业） 能源补给时长（在途+补能）/min：5 成本回收期限/年：2~3

（续）

序号	细分场景	典型场景描述	场景需求
18	轻型城市物流	**路况特点**：城市道路，运输线路为仓到店 **货物特点**：货源固定，轻抛货为主，附加值高 **客户特点**：车队、散户挂靠	**技术需求** GVW/t：4.5 百公里油耗 /L：10~15 发动机排量 /L：2~3.8 功率 /kW：50~120 货箱长度 /m：2~4 **运营需求** 日均行驶里程 /km：50~200 平均车速 /（km/h）：60 日运行时长 /h：8~12 一年活跃天数：320~360 能源补给时长（在途＋补能）/min：5 成本回收期限 / 年：2~3
19	轻型自卸运输	**路况特点**：城市道路、县道、农村道路 **货物特点**：货源不固定，货物为农资、粮食 **客户特点**：散户	**技术需求** GVW/t：4.5 百公里油耗 /L：12~20 货箱长度 /m：4.2 发动机排量 /L：2.0~4.0 功率 /kW：60~120 **运营需求** 日均行驶里程 /km：50~200 平均车速 /（km/h）：30~50 日运行时长 /h：3 一年活跃天数：200 能源补给时长（在途＋补能）/min：5 成本回收期限 / 年：8
20	轻型清障类	**路况特点**：城市道路，运输轿车为主，运输线路不固定 **客户特点**：清障类为车队客户及散户单位化运营（4S 店、交通警察等）	**技术需求** GVW/t：4.5 百公里油耗 /L：9~15 发动机排量 /L：2~4 功率 /kW：70~160 **运营需求** 日均行驶里程 /km：30 平均车速 /（km/h）：20~60 日运行时长 /h：5 一年活跃天数：200~300 能源补给时长（在途＋补能）/min：5 成本回收期限 / 年：3~8

（续）

序号	细分场景	典型场景描述	场景需求
21	轻型高空作业类	**路况特点**：以城市道路为主，用于维修路灯、架设电缆等 **客户特点**：以市政单位用车为主	**技术需求** GVW/t：4.5~6 作业工况燃油消耗量/（L/h）：3~10 行驶工况燃油消耗量/（L/100km）：8~15 发动机排量/L：2~3.7 功率/kW：65~110 **运营需求** 日均行驶里程/km：30 平均车速/（km/h）：20~30 一年活跃天数：200~300 日均作业时长/h：8 能源补给时长（在途+补能）/min：5 成本回收期限/年：3~5
22	微型货运	**路况特点**：高速公路、城市道路、乡村土路/泥路、工地等综合路况，运输线路不固定 **货物特点**：轻抛为主，偶尔重载；主要有工具、配件、工业品、餐饮蔬菜/米面/酒水等原材料、商场超市日用百货、家电、肥料/饲料/农药、日常用品、海产品等 **客户特点**：个体工商户/小微企业	**技术需求** GVW/t：3.5以下 百公里油耗/L：10 发动机排量/L：1.5~4 功率/kW：60~175 **运营需求** 日均行驶里程/km：50~150 平均车速/（km/h）：40~80 日运行时长/h：3~6 一年活跃天数：340~350 成本回收期限/年：0.5~1
23	公交	**路况特点**：线路固定，运行于公交站点间，站点多 **客源特点**：乘客相对稳定，人群呈现多样化 **客户特点**：各公交公司	**技术需求** 长度/m：6~18 百公里电耗/kW·h：30~100 发动机排量/L：7~9 电量/kW·h：100~350 电机转矩/N·m：360~2800 **运营需求** 日均行驶里程/km：100~300 平均车速/（km/h）：18~25 日运行时长/h：8~10 一年活跃天数：300 成本回收期限/年：3~5

（续）

序号	细分场景	典型场景描述	场景需求
24	旅游团体客运	**路况特点**：高速公路、国道，旅游团体线路是城市内景点、城市到城市、城市到景区；班车线路是企业到员工住所 **客源特点**：旅游团体客运客源主要是游客，通勤客源是企业员工 **客户特点**：运输企业、旅游公司、大中型企业	**技术需求** 长度 /m：10~13.7 百公里油耗 /L：16~22 发动机排量 /L：4~12 功率 /kW：140~280 **运营需求** 日均行驶里程 /km：200~800 平均车速 /（km/h）：60~80 日运行时长 /h：8~10 一年活跃天数：200~300 成本回收期限 / 年：3 以内
25	定制客运	**路况特点**：高速公路、国道、省道、城市道路、景区内，路况多样；线路灵活，点到点接送、景区内接驳 **客源特点**：客户群不稳定，多样化；客流量相对稳定 **客户特点**：客运企业、旅游公司	**技术需求** 长度 /m：6~9 百公里油耗 /L：9~20 百公里电耗 /kW·h：0.3~0.4 发动机排量 /L：2.3~8 功率 /kW：95~210 **运营需求** 日均行驶里程 /km：100~300 平均车速 /（km/h）：60~80 日运行时长 /h：8 一年活跃天数：300 成本回收期限 / 年：3 以内
26	校车	**路况特点**：路况多样，线路单一，学校到学生住所 **客源特点**：幼儿、小学生、中学生等 **客户特点**：校车运营企业	**技术需求** 长度 /m：6~10 百公里油耗 /L：8~25 发动机排量 /L：2.3~6.5 功率 /kW：100~150 **运营需求** 日均行驶里程 /km：100~200 平均车速 /（km/h）：30~50 日运行时长 /h：4~6 一年活跃天数：250 成本回收期限 / 年：3 以内

表 A-2 细分场景各技术路线百公里能耗

细分场景	技术路线		2025 年	2030 年	2035 年	2040 年	2050 年	2060 年
重型长途牵引运输	柴油 /L		29.9	25.7	24.3	23.1	22.6	21.7
	天然气 /kg		27.0	20.6	19.0	16.8	16.0	14.1
	甲醇 /L		91.2	75.2	70.2	65.8	64.1	60.6
	柴氨	柴油 /L	18.2	15.9	14.9	14.3	13.8	13.3
		氨 /L	36.3	31.7	29.8	28.6	27.5	26.5
	氢氨 /L		90.5	79.0	74.2	71.3	68.6	66.1
	纯氢 /kg		10.0	8.8	8.2	7.9	7.6	7.4
	纯电动 /kW·h		144.9	138.7	135.0	132.7	130.1	128.3
	插混	电 /kW·h	7.8	7.5	7.3	7.2	7.0	6.9
		油 /L	27.7	27.1	27.1	27.1	26.1	26.1
	增程	电 /kW·h	37.0	40.7	44.3	48.3	52.5	54.6
		油 /L	25.3	23.0	21.3	19.1	16.7	15.0
	氢燃料电池 /kg		9.2	7.7	6.8	5.9	5.6	5.4
重型中途牵引运输	柴油 /L		31.7	24.9	22.9	21.8	21.3	20.4
	天然气 /kg		28.7	20.0	18.0	15.9	15.1	13.3
	甲醇 /L		96.8	72.8	65.7	61.6	60.0	56.8
	柴氨	柴油 /L	19.3	15.4	14.0	13.4	12.9	12.4
		氨 /L	38.5	30.7	27.9	26.8	25.8	24.8
	氢氨 /L		96.1	76.5	69.5	66.8	64.3	61.9
	纯氢 /kg		10.7	8.5	7.7	7.4	7.1	7.0
	纯电动 /kW·h		149.6	143.2	139.3	137.0	134.3	132.5
	插混	电 /kW·h	10.8	10.3	10.0	9.9	9.7	9.5
		油 /L	27.9	27.2	27.2	27.2	26.3	26.3
	增程	电 /kW·h	49.2	54.0	58.7	63.9	69.4	72.2
		油 /L	23.5	20.9	19.0	16.5	14.0	12.3
	氢燃料电池 /kg		9.5	7.9	7.0	6.1	5.8	5.6

（续）

细分场景	技术路线		2025年	2030年	2035年	2040年	2050年	2060年
重型短途牵引运输	柴油 /L		36.8	26.4	24.5	23.3	22.8	21.9
	天然气 /kg		33.4	21.1	19.4	17.2	16.4	14.8
	甲醇 /L		108.1	75.2	68.7	64.6	62.9	59.6
	柴氨	柴油 /L	22.4	16.1	14.8	14.2	13.7	13.2
		氨 /L	44.7	32.2	29.6	28.4	27.3	26.3
	氢氨 /L		111.5	80.3	73.7	70.8	68.1	65.7
	纯氢 /kg		12.4	8.9	8.1	7.8	7.5	7.4
	纯电动 /kW·h		163.6	156.6	152.4	149.8	146.8	144.9
	插混	电 /kW·h	25.2	24.2	23.5	23.1	22.7	22.4
		油 /L	28.8	27.7	27.7	27.7	27.1	27.1
	增程	电 /kW·h	110.8	122.1	139.3	149.8	146.8	144.9
		油 /L	12.4	8.1	3.1	0.0	0.0	0.0
	氢燃料电池 /kg		10.0	8.6	7.7	6.7	6.4	6.1
重型中途载货运输	柴油 /L		27.6	21.7	19.9	19.0	18.5	17.8
	天然气 /kg		25.2	17.6	15.8	14.0	13.3	11.7
	甲醇 /L		85.5	64.3	58.0	54.5	53.0	50.2
	柴氨	柴油 /L	16.8	13.4	12.2	11.7	11.2	10.8
		氨 /L	33.5	26.7	24.2	23.3	22.4	21.6
	氢氨 /L		94.0	89.5	83.6	78.3	75.2	72.3
	纯氢 /kg		9.3	7.4	6.7	6.4	6.2	6.0
	纯电动 /kW·h		141.0	142.0	143.0	144.0	145.0	146.0
	插混	电 /kW·h	9.4	9.0	8.8	8.6	8.5	8.3
		油 /L	24.2	23.7	23.7	23.7	22.8	22.8
	增程	电 /kW·h	38.3	46.6	51.2	59.6	69.1	77.5
		油 /L	21.8	19.0	17.3	14.4	11.2	8.5
	氢燃料电池 /kg		8.4	6.9	6.2	5.3	5.1	4.9

（续）

细分场景	技术路线		2025 年	2030 年	2035 年	2040 年	2050 年	2060 年
重型短途载货运输	柴油 /L		23.8	16.9	15.7	15.1	14.8	14.2
	天然气 /kg		20.9	19.3	17.9	16.6	11.6	11.4
	柴氨	柴油 /L	14.0	13.4	12.9	12.4	8.6	8.2
		氨 /L	27.9	26.7	25.6	24.6	17.1	16.4
	氢氨 /L		69.6	66.7	64.0	61.4	42.6	41.0
	纯氢 /kg		7.7	7.4	7.1	6.8	4.7	4.6
	纯电动 /kW·h		84.1	80.5	78.4	77.0	75.5	74.5
	插混	电 /kW·h	13.0	12.4	12.1	11.9	11.7	11.5
		油 /L	18.0	17.3	17.3	17.3	16.9	16.9
	增程	电 /kW·h	68.8	78.1	78.4	77.0	75.5	74.5
		油 /L	3.4	0.5	0.0	0.0	0.0	0.0
	氢燃料电池 /kg		5.4	4.4	4.0	3.4	3.3	3.1
重型城建渣土运输	柴油 /L		40.5	28.7	26.6	25.6	24.7	24.1
	天然气 /kg		35.2	30.0	28.4	25.6	24.4	22.0
	甲醇 /L		113.7	104.4	98.9	92.1	86.9	79.7
	柴氨	柴油 /L	24.6	23.6	22.6	21.7	20.9	20.2
		氨 /L	49.1	47.0	45.1	43.3	41.7	40.2
	氢氨 /L		137.9	131.3	122.6	114.9	110.3	106.1
	纯氢 /kg		13.6	13.0	12.5	11.9	11.5	11.3
	纯电动 /kW·h		146.0	147.0	148.0	149.0	150.0	151.0
	插混	电 /kW·h	34.9	33.4	32.5	31.9	31.3	30.9
		油 /L	26.8	26.1	26.1	26.1	24.5	24.5
	增程	电 /kW·h	107.6	125.2	126.2	124.1	121.7	120.0
		油 /L	6.7	1.1	0.0	0.0	0.0	0.0
	氢燃料电池 /kg		8.7	7.2	6.4	5.5	5.3	5.1

（续）

细分场景	技术路线		2025年	2030年	2035年	2040年	2050年	2060年
重型公路自卸运输	柴油 /L		46.0	33.0	30.2	29.2	28.1	27.4
	天然气 /kg		40.5	25.2	23.2	20.5	19.5	17.6
	甲醇 /L		136.8	96.4	89.2	85.0	82.9	78.8
	柴氨	柴油 /L	28.0	20.2	18.5	17.8	17.1	16.5
		氨 /L	55.8	40.2	36.9	35.5	34.1	32.9
	氢氨 /L		139.3	100.3	92.1	88.5	85.1	82.1
	纯氢 /kg		15.5	11.1	10.2	9.8	9.4	9.2
	纯电动 /kW·h		135.5	129.8	126.2	124.1	121.7	120.0
	插混	电 /kW·h	24.4	23.4	22.7	22.3	21.9	21.6
		油 /L	36.9	36.1	36.1	36.1	34.8	34.8
	增程	电 /kW·h	75.3	87.6	89.7	102.9	117.2	120.0
		油 /L	12.7	8.1	6.9	3.7	0.7	0.0
	氢燃料电池 /kg		8.7	7.2	6.4	5.5	5.3	5.1
重型清运类	柴油 /L		37.4	26.6	24.7	23.9	23.0	22.5
	天然气 /kg		33.7	31.1	29.2	27.0	26.3	25.9
	纯电动 /kW·h		190.7	182.6	177.6	174.6	171.2	168.9
重型混凝土运输	柴油 /L		38.4	25.1	23.6	22.8	22.0	21.4
	天然气 /kg		34.6	31.9	30.0	27.7	18.1	17.8
	纯电动 /kW·h		134.6	128.9	125.4	123.3	120.8	119.2
	氢燃料电池 /kg		8.6	7.1	6.3	5.5	5.2	5.0
重型危险化学品运输	柴油 /L		20.9	19.8	13.8	13.3	13.0	12.5
	天然气 /kg		19.1	17.4	16.2	14.9	14.7	14.3
重型起重运输	柴油 /L		28.9	17.5	16.6	16.0	15.7	15.3
	纯电动 /kW·h		130.9	125.3	121.9	119.8	117.5	115.9
重型清洗类	柴油 /L		48.0	45.5	32.0	31.0	30.2	29.5
	天然气 /kg		41.4	38.7	36.0	33.8	33.3	32.9
	纯电动 /kW·h		228.1	218.4	212.4	208.9	204.8	202.0

（续）

细分场景	技术路线		2025 年	2030 年	2035 年	2040 年	2050 年	2060 年
重型清扫类	柴油 /L		100.8	70.7	67.3	65.0	63.5	62.0
	天然气 /kg		92.0	63.6	57.6	54.0	53.3	52.6
	纯电动 /kW·h		246.8	236.3	229.9	226.0	221.5	218.5
中型城际物流	柴油 /L		18.8	13.7	12.6	12.6	12.6	12.6
	天然气 /kg		17.3	12.4	11.0	10.1	10.0	9.7
	纯电动 /kW·h		60.8	58.2	56.6	55.6	54.5	53.8
	换电 /kW·h		60.8	58.2	56.6	55.6	54.5	53.8
	插混	电 /kW·h	6.0	5.7	5.6	5.5	5.4	5.3
		油 /L	14.8	14.8	14.1	14.1	13.5	13.5
	增程	电 /kW·h	38.3	44.7	52.9	55.6	54.5	53.8
		油 /L	7.2	4.1	1.1	0.0	0.0	0.0
	氢燃料电池 /kg		3.9	3.2	2.9	2.5	2.4	2.3
中型工程自卸	柴油 /L		21.2	20.0	19.1	19.1	19.1	19.1
	天然气 /kg		19.3	17.9	16.6	15.5	15.1	14.9
	纯电动 /kW·h		65.4	62.6	60.9	59.9	58.7	57.9
	氢燃料电池 /kg		4.2	3.5	3.1	2.7	2.5	2.4
中型清运类	柴油 /L		24.0	16.8	16.0	16.0	16.0	16.0
	天然气 /kg		22.3	20.6	19.7	18.5	18.0	12.8
	纯电动 /kW·h		149.9	143.5	139.7	137.3	134.6	132.8
中型清洗类	柴油 /L		37.6	26.3	24.5	24.5	24.5	24.5
	天然气 /kg		35.3	32.7	31.2	29.3	28.5	20.2
	纯电动 /kW·h		237.4	227.3	221.1	217.4	213.1	210.3
轻型城市物流	柴油 /L		13.3	11.6	11.3	11.3	11.3	11.3
	天然气 /kg		12.1	11.2	10.7	10.0	9.8	9.6
	纯电动 /kW·h		34.6	33.1	32.2	31.7	31.0	30.6
	换电 /kW·h		34.6	33.1	32.2	31.7	31.0	30.6

（续）

细分场景	技术路线		2025年	2030年	2035年	2040年	2050年	2060年
轻型城市物流	插混	电 /kW·h	12.5	11.9	11.6	11.4	11.2	11.0
		油 /L	7.2	7.2	6.7	6.7	6.3	6.3
	增程	电 /kW·h	33.7	33.1	32.2	31.7	31.0	30.6
		油 /L	0.2	0.0	0.0	0.0	0.0	0.0
	氢燃料电池 /kg		2.2	1.8	1.6	1.4	1.3	1.3
轻型自卸运输	柴油 /L		19.2	16.7	16.2	16.2	16.2	16.2
	天然气 /kg		16.7	15.5	14.8	13.9	13.5	13.3
	纯电动 /kW·h		42.1	40.3	39.2	38.5	37.8	37.3
	氢燃料电池 /kg		2.7	2.2	2.0	1.7	1.6	1.6
轻型清障类	柴油 /L		14.4	13.7	13.4	13.4	13.4	13.4
	纯电动 /kW·h		118.4	113.4	110.3	108.5	106.3	104.9
轻型高空作业类	柴油 /L		11.0	9.6	9.2	9.2	9.2	9.2
	纯电动 /kW·h		32.7	31.3	30.5	30.0	29.4	29.0
微型货运	汽油 /L		7.4	6.8	6.7	6.7	6.7	6.7
	纯电动 /kW·h		16.8	16.1	15.7	15.4	15.1	14.9
公交	天然气 /kg		14.6	13.3	12.3	6.8	6.3	6.0
	纯电动 /kW·h		88.8	85.0	82.7	81.3	79.7	78.6
	氢燃料电池 /kg		5.7	4.7	4.2	3.6	3.5	3.3
旅游团体客运	柴油 /L		21.2	15.4	14.3	13.6	13.3	12.8
	天然气 /kg		18.3	15.3	10.7	9.5	9.0	7.9
	纯电动 /kW·h		102.8	98.4	95.8	94.2	92.3	91.1
	插混	电 /kW·h	11.1	10.6	10.3	10.2	10.0	9.8
		油 /L	18.5	18.1	18.1	18.1	17.4	17.4
	增程	电 /kW·h	25.8	30.3	31.9	36.7	41.7	46.7
		油 /L	41.7	35.0	30.7	27.9	24.4	21.3
	氢燃料电池 /kg		6.6	5.4	4.8	4.2	4.0	3.8

（续）

细分场景	技术路线	2025 年	2030 年	2035 年	2040 年	2050 年	2060 年
定制客运	柴油 /L	19.0	13.9	12.9	12.4	12.1	11.7
	天然气 /kg	16.8	15.5	14.4	13.3	13.0	12.8
	纯电动 /kW·h	74.8	71.6	69.7	68.5	67.1	66.2
	氢燃料电池 /kg	4.8	3.9	3.5	3.1	2.9	2.8
校车	柴油 /L	20.7	19.4	18.7	18.7	18.7	18.7

注：插混为插电式混合动力，增程为增程式混合动力。

表 A-3　细分场景充电技术路线装配电池电量　　　　（单位：kW·h）

细分场景	日均运距	2025 年	2030 年	2035 年	2040 年	2050 年	2060 年
重型长途牵引运输	>1000km	859	966	967	984	970	977
重型中途牵引运输	500~1000km	857	964	968	951	933	920
重型短途牵引运输	200~500km	569	543	530	523	512	505
重型中途载货运输	500~1000km	492	584	847	832	820	806
重型短途载货运输	200~500km	293	280	272	270	265	260
重型城建渣土运输	200~400km	377	360	351	345	338	334
重型公路自卸运输	200~500km	420	452	439	431	422	417
重型清运类	20~150km	318	304	300	295	290	285
重型混凝土运输	<200km	301	287	280	275	270	265
重型起重运输	30km	150	150	150	150	150	150
重型清洗类	50~100km	258	250	245	240	235	230

（续）

细分场景	日均运距	2025年	2030年	2035年	2040年	2050年	2060年
重型清扫类	50~110km	308	297	290	285	280	275
中型城际物流	300~800km	279	322	314	310	305	300
中型工程自卸	50~100km	75	72	70	70	70	70
中型清运类	50~100km	170	161	160	160	160	160
中型清洗类	50~100km	266	260	253	250	250	250
轻型城市物流	50~200km	77	74	72	71	70	70
轻型自卸运输	50~200km	91	91	88	87	85	84
轻型清障类	30km	58	68	65	65	65	65
轻型高空作业类	30km	58	68	65	65	65	65
微型货运	50~150km	29	28	27	26	26	26
公交	100~300km	296	283	276	271	266	262
旅游团体客运	200~800km	454	523	533	524	514	507
定制客运	100~300km	252	241	235	233	230	225

表 A-4　细分场景换电技术路线装配电池电量　　（单位：kW·h）

细分场景	2025年	2030年	2035年	2040年	2050年	2060年
重型长途牵引运输	644	771	750	737	723	713
重型中途牵引运输	631	605	588	578	567	559
重型短途牵引运输	327	313	305	300	294	290
重型中途载货运输	553	529	515	506	496	489
重型短途载货运输	168	161	157	154	151	149
重型城建渣土运输	166	159	154	152	149	147
重型公路运输	226	216	210	207	203	200
中型城际物流	128	123	119	117	115	114
轻型城市物流	30	30	30	30	30	30

表 A-5 细分场景氢燃料电池技术路线氢燃料电池堆功率及储氢量

细分场景	参数项	2025 年	2030 年	2035 年	2040 年	2050 年	2060 年
重型长途牵引运输	电池堆功率 /kW	200.0	250.0	300.0	350.0	410.0	410.0
	储氢量 /kg	59.0	64.0	72.0	72.0	72.0	72.0
重型中途牵引运输	电池堆功率 /kW	200.0	250.0	300.0	350.0	350.0	350.0
	储氢量 /kg	59.0	64.0	72.0	72.0	72.0	72.0
重型短途牵引运输	电池堆功率 /kW	200.0	250.0	300.0	300.0	300.0	300.0
	储氢量 /kg	59.0	64.0	72.0	72.0	72.0	72.0
重型中途载货运输	电池堆功率 /kW	200.0	250.0	300.0	300.0	300.0	300.0
	储氢量 /kg	59.0	64.0	72.0	72.0	72.0	72.0
重型短途载货运输	电池堆功率 /kW	170.0	170.0	170.0	170.0	170.0	170.0
	储氢量 /kg	39.4	32.0	21.0	21.0	21.0	21.0
重型城建渣土运输	电池堆功率 /kW	200.0	250.0	300.0	300.0	300.0	300.0
	储氢量 /kg	39.4	32.0	21.0	21.0	21.0	21.0
重型公路运输	电池堆功率 /kW	200.0	250.0	300.0	300.0	300.0	300.0
	储氢量 /kg	39.4	32.0	21.0	21.0	21.0	21.0
重型混凝土运输	电池堆功率 /kW	200.0	250.0	250.0	250.0	250.0	250.0
	储氢量 /kg	39.4	32.0	21.0	21.0	21.0	21.0
中型城际物流	电池堆功率 /kW	120.0	120.0	120.0	120.0	120.0	120.0
	储氢量 /kg	39.4	16.0	21.0	21.0	21.0	21.0

（续）

细分场景	参数项	2025年	2030年	2035年	2040年	2050年	2060年
中型工程自卸	电池堆功率/kW	100.0	100.0	100.0	100.0	100.0	100.0
	储氢量/kg	39.4	16.0	21.0	21.0	21.0	21.0
轻型自卸运输	电池堆功率/kW	70.0	70.0	70.0	70.0	70.0	70.0
	储氢量/kg	12.5	12.5	7.2	7.2	7.2	7.2
轻型城市物流	电池堆功率/kW	70.0	100.0	100.0	100.0	100.0	100.0
	储氢量/kg	12.5	12.5	7.2	7.2	7.2	7.2
公交	电池堆功率/kW	80.0	120.0	120.0	120.0	120.0	120.0
	储氢量/kg	12.5	12.5	14.4	14.4	14.4	14.4
旅游团体客运	电池堆功率/kW	200.0	250.0	250.0	250.0	250.0	250.0
	储氢量/kg	37.0	32.0	36.0	36.0	36.0	36.0
定制客运	电池堆功率/kW	200.0	200.0	200.0	200.0	200.0	200.0
	储氢量/kg	30.7	32.0	21.6	21.6	21.6	21.6

表 A-6 能源价格

能源类别		单位	2025年	2030年	2035年	2040年	2050年	2060年
柴油		元/L	6.58	6.58	6.75	7.00	7.50	8.00
汽油		元/L	8.10	7.85	8.00	8.30	8.40	8.80
天然气		元/kg	5.10	4.68	4.68	4.68	5.10	5.57
甲醇	绿醇	元/L	6.87	5.52	4.54	3.94	3.10	2.56
	灰醇	元/L	2.78	2.78	2.78	2.78	2.78	2.78
生物柴油		元/L	6.58	6.58	6.75	7.00	7.50	8.00

（续）

能源类别		单位	2025 年	2030 年	2035 年	2040 年	2050 年	2060 年
氨	绿氨	元/L	3.20	2.58	2.34	1.99	1.44	1.05
	灰氨	元/L	2.40	2.40	2.40	2.40	2.40	2.40
电	充电	元/kW·h	1.04	1.02	1.02	1.00	0.97	0.95
	换电	元/kW·h	1.04	1.02	1.02	1.00	0.97	0.95
氢	灰氢	元/kg	35.0	30.0	25.0	22.0	18.0	15.0
	绿氢	元/kg	35.0	30.0	25.0	22.0	18.0	15.0

表 A-7 其他主要参数

参数项	2025 年	2030 年	2040 年	2050 年	2060 年
加氢速度/(kg/min)	3	8	8	8	8
储氢系统单价/(元/kg)	3000	1500	900	800	800
氢燃料电池系统单价/(元/kW)	2000	500	300	200	200
充电功率/kW	600	1000	2400	3000	3000
蓄电池质量密度/(W·h/kg)	195	240	500	550	600
蓄电池单价/(元/kW·h)	850	700	650	550	450

附录 B 主要参与单位及专家

（排名不分先后）

课题 1 商用车碳中和技术总体路线图研究工作组

分类	单位	姓名
组长	中国汽车工程学会	侯福深
副组长	中国汽车工程研究院股份有限公司	李开国
	中国汽车工程学会	郑亚莉
	一汽解放汽车有限公司	刘江唯
	康明斯（中国）投资有限公司	锁国涛
	沙特阿拉伯石油公司	薛兴宇
主要执笔单位	中国汽车工程学会	杨静、武彦杰
	北汽福田汽车股份有限公司	冯静
	康明斯（中国）投资有限公司	锁国涛、钟号、王攀、黄承修、姚海春
	清华大学	吴烨、张少君、吴潇萌、王放、刘敏
研究机构及高校	清华大学能源环境经济研究所	欧训民
	北京科技大学	郝旭
	中国汽车技术研究中心有限公司	吴志新
	中国汽车工程学会	陈敏、李雨洁
	清华大学	王志、徐梁飞
整车及零部件企业 能源企业	一汽解放汽车有限公司	史艳彬、董大陆、徐光甫
	东风商用车有限公司	任卫群、陈玉明
	山东重工集团有限公司	徐子春、潘凤文、冯晓辉
	北汽福田汽车股份有限公司	冯静、陈俊红、王国勇
	比亚迪汽车工业有限公司	彭旺、陈振、潘龙啸
	广西玉柴机器股份有限公司	林铁坚、班智博、王任信
	上海捷氢科技股份有限公司	侯中军
	斯堪尼亚销售（中国）有限公司	周齐（Joakim Diamant）

课题 2　柴油、天然气内燃机及传统混合动力技术路线评估研究工作组

分类	单位	姓名
组长	广西玉柴机器股份有限公司	林铁坚
副组长	广西玉柴机器股份有限公司	班智博
主要执笔单位	广西玉柴机器股份有限公司	张波、宁德忠、王任信
	玉柴芯蓝新能源动力科技有限公司	毛正松、张松
	天津大学	王浒
	广西大学	黄豪中
	山东大学	白书战
	中国汽车技术研究中心有限公司	贾国瑞
	中国汽车技术研究中心有限公司	杨建奎
	中国汽车工程研究院股份有限公司	余浩
	北方发动机研究所	张岩
研究机构及高校	清华大学	帅石金
	天津大学	尧命发、林志强
	华中科技大学	成晓北
	同济大学	楼狄明
	广西科技大学	牛彩云
	东风商用车有限公司	任卫群、陈玉明
	上汽通用五菱汽车股份有限公司	梁堂
	宇通客车股份有限公司	阎备战
整车企业	比亚迪汽车工业有限公司	秦戍、陈振
	北汽福田汽车股份有限公司	陈俊红
	东风柳州汽车有限公司	许家毅
	一汽解放汽车有限公司	董大陆
	中自环保科技股份有限公司	王云、冯锡
零部件企业	威乎英特迈增压器有限公司	余国胜
	康明斯（中国）投资有限公司	李轲、黄乘修
	山东重工集团有限公司	孙秋丽
能源企业	中国石油集团经济技术研究院	高慧
	沙特阿拉伯石油公司	洪族芳

课题3 面向碳中和的零碳甲醇、零碳二甲醚和生物柴油内燃机技术路线评估研究工作组

分类	单位	姓名
组长	北汽福田汽车股份有限公司	冯静
副组长	广西玉柴机器集团有限公司	盛利
	北汽福田汽车股份有限公司	陈俊红
主要执笔单位	北汽福田汽车股份有限公司	李向春、王国勇、周宗良、费亚鹏
	广西玉柴机器集团有限公司	班智博、宁德忠、王任信、覃玉峰、杨葵、邱继旭
	康明斯（中国）投资有限公司	锁国涛、王攀
	上海交通大学	乔信起
	中国科学院大连化学物理研究所	王集杰
	同济大学	房亮
	中国石油集团经济技术研究院	高慧
	吉利汽车集团	金先扬
	浙江吉利远程新能源商用车集团有限公司	苏茂辉、韩晓标
	沙特阿拉伯国家石油公司	洪族芳
	山东重工集团有限公司	曾笑笑
	天津大学	姚春德
	中国汽车技术研究中心有限公司	贾国瑞
研究机构及高校	中国汽车工程研究院股份有限公司	常虹
	上海交通大学	李铁
	广西大学	官维
	西安交通大学	魏衍举
整车企业	东风商用车有限公司	殷勇
	斯堪尼亚销售（中国）有限公司	徐滔
	吉利汽车集团	宋金环
	浙江吉利远程新能源商用车集团有限公司	王科理
	山东重工集团有限公司	曾笑笑
	一汽解放汽车有限公司	李佳星
	东风柳州汽车有限公司	郭威、陈升
零部件企业	上海海能汽车电子有限公司	王俊席

课题4　面向碳中和的氨、氢内燃机技术路线评估研究工作组

分类	单位	姓名
组长	一汽解放汽车有限公司	刘江唯
主要执笔单位	一汽解放汽车有限公司	史艳彬、董大陆、徐光甫、刘长铖
	吉林大学	孙万臣
	同济大学	邓俊
	大连理工大学	田江平
	佛山仙湖实验室	王磊、毛斌
	中国汽车技术研究中心有限公司	贾国瑞
	东风商用车有限公司	殷勇
	山东重工集团有限公司	曾笑笑
	江苏国富氢能技术装备股份有限公司	何春辉
研究机构及高校	吉林大学	王忠恕
	同济大学	李理光
	大连理工大学	隆武强
	清华大学	王志
	佛山仙湖实验室	陈海娥
	中国汽车技术研究中心有限公司	焦道宽
	中国汽车工程研究院股份有限公司	常虹
整车企业	北汽福田汽车股份有限公司	冯静
	康明斯（中国）投资有限公司	钟号
	广西玉柴机器股份有限公司	肖刚
能源企业	江苏国富氢能技术装备股份有限公司	王朝

课题5　面向碳中和的电动化技术路线评估研究工作组

分类	单位	姓名
组长	比亚迪汽车工业有限公司	彭旺
主要执笔单位	比亚迪汽车工业有限公司	陈振、潘龙啸、张二明、吕书军
	北汽福田汽车股份有限公司	熊鑫、刘乃胜、邵赓华
	山东重工集团潍柴动力股份有限公司	刘鑫、李宏
	浙江吉利远程新能源商用车集团有限公司	林艳忠、戴关林、方毅、华炎
	中国汽车技术研究中心有限公司	贾莉洁、任焕焕、陈川、刘辰
	特来电新能源股份有限公司	王冰、王涛、卢文才
	智锂物联科技有限公司	周莉骅、曾云川
研究机构及高校	中国汽车技术研究中心有限公司	贾莉洁、任焕焕、陈川、刘辰
	国家发展和改革委员会能源研究所	刘坚
整车企业	比亚迪汽车工业有限公司	陈振、潘龙啸、张二明、吕书军
	北汽福田汽车股份有限公司	熊鑫、刘乃胜、邵赓华
	山东重工集团潍柴动力股份有限公司	刘鑫、李宏
	浙江吉利远程新能源商用车集团有限公司	林艳忠、戴关林、方毅、华炎
	徐工集团工程机械股份有限公司	刘吉超
	东风汽车股份有限公司	徐远
	一汽解放汽车有限公司	陈德鑫
零部件企业	弗迪电池有限公司	赖庆、杨永海、李玲
	弗迪动力有限公司	黄炳健
	精进电动科技股份有限公司	王永炜
能源企业	特来电新能源股份有限公司	王冰、王涛、卢文才
	智锂物联科技有限公司	周莉骅、曾云川
	奥动新能源汽车科技有限公司	兰志波

课题6 面向碳中和的商用车燃料电池技术路线评估研究工作组

分类	单位	姓名
咨询专家	中科院大连大化学物理研究所	衣宝廉
	同济大学	明平文
	武汉理工大学	潘牧
	清华大学	史翊翔
组长	山东重工集团有限公司	徐子春
副组长	国家燃料电池技术创新中心	潘凤文
	山东重工集团有限公司	栾胜之
主要执笔单位	国家燃料电池技术创新中心	冯晓辉、王彦波、赵强、赵小军、梁文胜、王昕雨、李力军
	中国汽车工程研究院股份有限公司	葛晓成、刘瑶
	中国重型汽车集团有限公司	张甜甜
	中通客车股份有限公司	吴光平
	同济大学	李冰
	上海捷氢科技有限公司	侯中军、余意
	上海重塑能源科技有限公司	翟双
研究机构及高校	中国汽车战略与政策研究中心	王佳
	中汽数据有限公司	胡辰树
	中国汽车工程研究院股份有限公司	洪晏忠
	国家燃料电池技术创新中心	燕泽英、唐笑、王翔、郝佳、安兆阳、徐晓婷
整车及零部件企业	烟台东德实业有限公司	邢子义、王明
	深圳市福瑞电气有限公司	张高常
	江苏国富氢能技术装备有限公司	魏蔚、王朝
	国家电投集团氢能科技发展有限公司	陈平
	上海捷氢科技有限公司	曹献光
能源企业	山东海化氯碱树脂有限公司	赵玉华

课题 7　面向碳中和的商用车整车"双碳"技术路线评估研究工作组

分类	单位	姓名
组长	东风商用车有限公司	任卫群
主要执笔单位	武汉理工大学	杜常清、尹智帅、谢冲
	中国汽车技术研究中心有限公司	贾莉洁
	中国汽车工程学会	贾彦敏
	北京航空航天大学	董鹏、赵俊玮
	北京赛目科技有限公司	薛晓卿
	一汽解放汽车有限公司	史彦博
	广西玉柴机器股份有限公司	陈涛
	康明斯（中国）投资有限公司	钟号
	东风商用车有限公司	陈玉明、金本畅
研究机构及高校	北京航空航天大学	徐向阳
	中国汽车工程研究院股份有限公司	杜宝程
	中国汽车工程学会	杨洁
整车企业	北汽福田汽车股份有限公司	曲广辉
	比亚迪汽车工业有限公司	郑兴华
零部件企业	北京赛目科技有限公司	胡大林
	上海捷氢科技股份有限公司	曹献光
能源企业	沙特阿拉伯石油公司	洪族芳

分类	单位	姓名
组长	中国汽车工程研究院股份有限公司	李开国
副组长	中国汽车工程学会	郑亚莉
主要执笔单位	中国汽车工程学会	杨静
	一汽解放汽车有限公司	刘江唯、史艳彬
	东风商用车有限公司	任卫群、侯占洲
	北汽福田汽车股份有限公司	冯静、黄彬
	广西玉柴机器股份有限公司	张波、王仁信
	康明斯（中国）投资有限公司	锁国涛、刘煜
	山东重工集团有限公司	栾胜之
整车及零部件企业	傲蓝得环境科技有限公司	薛占刚
	江苏徐工工程机械研究院有限公司	王存光
	柳州五菱汽车工业有限公司	叶林万

场景划分专题组